东亚生产分工新格局
基于比较优势演化视角

A New Pattern of Regional Specialization in East Asia
Based on the Evolution of Comparative Advantages

张玉　胡昭玲◎著

中国经济出版社
CHINA ECONOMIC PUBLISHING HOUSE
·北 京·

图书在版编目（CIP）数据

东亚生产分工新格局：基于比较优势演化视角/张玉，胡昭玲著.--北京：中国经济出版社，2020.12

ISBN 978-7-5136-6353-3

Ⅰ.①东… Ⅱ.①张… ②胡… Ⅲ.①工业经济-国际分工-研究-东亚 Ⅳ.①F415.1

中国版本图书馆 CIP 数据核字（2020）第 184417 号

责任编辑　焦晓云
责任印制　马小宾
封面设计　任燕飞

出版发行　中国经济出版社
印 刷 者　北京建宏印刷有限公司
经 销 者　各地新华书店
开　　本　710mm×1000mm　1/16
印　　张　11.75
字　　数　167 千字
版　　次　2020 年 12 月第 1 版
印　　次　2020 年 12 月第 1 次
定　　价　68.00 元
广告经营许可证　京西工商广字第 8179 号

中国经济出版社 网址 www.economyph.com 社址 北京市东城区安定门外大街 58 号 邮编 100011
本版图书如存在印装质量问题，请与本社销售中心联系调换（联系电话：010-57512564）

前言 preface

从20世纪60年代开始，东亚主要经济体（包括东北亚和东南亚地域的国家和地区）的经济发展差异和内部要素禀赋成为“雁行模式”的基础，各经济体基于自身比较优势参与区域生产分工，成就了东亚的集体性经济增长传奇。随着国际生产分工的持续深化，产品内分工形式在全球蔓延，东亚区域的生产分工形态与分工模式也发生了显著变化，梯度分明的“雁行模式”逐渐演变为复杂的生产网络。在新的东亚生产网络下，各经济体充分发挥自身比较优势，实现了比较优势与生产分工状况的协同发展，从而有助于其经济增长和福利水平的提升，也促进了东亚区域的资源优化配置和可持续发展。

实际上，东亚生产网络在市场力量驱动下自发形成和发展的过程中，受到各种阻碍因素的影响，区域内生产分工格局在一定程度上发生了扭曲，各经济体比较优势状态的差异性变化因为生产体系的惯性存在，也未能有效地促进区域生产分工的优化。在东亚生产网络不断发展和经济体比较优势动态变化的背景下，应通过加强经济体比较优势与生产分工状况的匹配性来优化东亚生产网络。

本书旨在多元化比较优势理论框架下建立比较优势综合评判体系，通过因子分析结合前瞻性的灰色预测模型，剖析经济体比较优势的特征及潜力，并利用系统耦合模型评估东亚各经济体生产分工状况与比较优势的匹配性，探寻东亚生产分工优化的可行性路径，勾勒东亚生产分工新格局。整体而言，东亚生产网络的格局从梯队分明的“雁行模式”，转变为以日本和中国为枢纽的复杂生产网络。东亚各经济体均面临人口老龄化的挑战，区域内技术差距缩小。日本的技术优势下降幅度明显，中国的技术优势则显著增强。中国应继续凭借技术优势的上升来推动其在区域生产网络中地位的攀升，同时充分发挥自身劳动力成本优势的作用，从高、低层次全面稳固地参与东亚生产网络。

本书是作者在读博士期间基于导师的课题框架展开的关于东亚生产分工格局的系列研究成果的汇编。在东亚主要经济体的比较优势动态演化，以及东亚生产分工格局重构的现实背景下进行理论和实证研究，对于推动东亚生产网络优化具有较强的政策参考意义，也为相关研究者提供了研究视角和理论借鉴。

目 录

contents

第一章

导论

东亚生产网络最初是基于区域内各经济体的比较优势，在市场驱动下自然演化而成的。20 世纪 60 年代至 90 年代，在日本主导的“雁行模式”下，通过区域内快速增长的生产合作与贸易投资，东亚主要经济体迅猛发展并创造了“东亚奇迹”。随着国际贸易和生产分工合作的持续发展，产品生产过程已经被分解为不同的工序和区段，在世界范围内按照产品链或价值链的各个生产环节所需要的要素优势寻求最佳的生产区位，产品内国际分工模式迅速蔓延，形成了以生产工序或环节为对象的空间分散化的生产网络（Feenstra，1998；Hummels 等，2001；Jones 和 Kierzkowski，2003）。东亚生产网络随之发生重大变化，区域内各经济体的分工协作更加紧密，从之前的产业间和产业内分工逐步发展为产品内分工，由基于产业层面的分工与贸易向以价值链为载体的分工转变，起初梯度分明的“雁行模式”也逐渐转变为新的东亚生产网络。

第一节　研究背景及研究意义

一、研究背景

在东亚生产网络持续深入发展的同时，东亚主要经济体的经济运行与比较优势状态也发生了显著变化。日本的经济增长遭遇停滞，技术创新速度放缓，人口老龄化问题在东亚区域内最为明显；新兴工业化经济体（“亚洲四小龙”）迅速发展，自身创新结合引进欧美技术，使产业结构不断升级，经济赶超势头强劲，形成了对具有更高附加值技术的需求；东盟诸国积极吸引外商直接投资，加强物质资本积累，引进国外先进技术，以保持经济快速、稳定发展；中国借改革开放之力，更是取得了令人瞩目的发展成果，与亚洲发达经济体的差距在逐渐缩小。

20 世纪的“东亚奇迹”表现为东亚区域集体性的快速增长，这得益于各经济体基于比较优势的生产分工合作。但是，在“雁行模式”较长的发展历程中，东亚生产分工中一些自然形成、惯性存在的模式成为制约东亚生产网络发展的阻碍性因素。进入 21 世纪以后，东亚各经济体的比较优势发生明显变化，同时由于“雁行模式”惯性存在的阻碍性因素，各经济体新的比较优势特征在东亚生产网络中的效应难以得到充分发挥。整体来看，在东亚生产网络不断发展和经济体比较优势动态变化的背景下，东亚生产网络在重新整合区域资源、加强比较优势与生产分工匹配的协同发展方面，尚存在一定的优化空间。

新的东亚生产分工格局与各经济体的分工形态有何特征，各主要经济体的生产分工状态与其国内比较优势变化的匹配性如何，如何推动比较优势演化与生产分工优化的协同发展，都是值得思考的问题。本书在产品内国际分工框架下，选取对东亚具有重要经济影响力且分工程度极高的机械工业，对东亚经济体比较优势演化与生产分工优化的协同发展问题进行研究。

二、研究意义

在产品内国际分工框架下研究东亚经济体比较优势演化与生产分工优化的协同发展问题，不仅有助于东亚生产网络下经济个体的经济增长，也有利于实现东亚命运共同体区域内经济可持续发展的诉求。

（一）理论意义

在产品内国际分工理论框架下研究比较优势演化与东亚机械工业生产分工优化的协同发展问题具有重要的理论意义。

首先，以比较优势与生产分工的匹配性为视角进行东亚生产分工的优化研究，有助于推动国际生产分工相关领域的深入研究。国际生产分工从产业间分工、产业内分工发展至产品内分工，已经细化至产品的生产环节或工序。大量相关研究文献涌现，但多数止于生产分工的测度及其影响因素和经济效应分析。本书对东亚生产网络中经济体之间的分工与比较优势形态的匹配性进行比对研究，为国际生产分工的研究提供了较新的视角。

其次，多元化比较优势理论框架有助于促进比较优势的相关研究。长期以来，比较优势作为国际分工贸易的基础，一直被学者们关注，然而随着新的贸易与经济理论的兴起和发展，他们对比较优势的重视程度有所减弱。但是，比较优势仍然是国际生产分工与贸易发展的重要影响因素。正如克鲁格曼（Krugman）所强调的，一国如果脱离其比较优势，采取扶持措施鼓励其具有比较劣势产业的发展和产品出口，从长期来看，是不利于其经济增长和产业发展的。本书构建了基于经济体广义禀赋条件的比较优势测度体系，并通过灰色预测模型分析了东亚比较优势的演化特征，有助于对比较优势理论进行检验及对其理论含义进行延伸。

（二）现实意义

首先，对东亚主要经济体比较优势的系统研究，有助于推动经济体比较优势的高级化演化。东亚各经济体表现出差异化的经济发展状态，关键原因在于各经济体比较优势的动态演化，然而比较优势的演化并不是随机和无规律的。掌握各国比较优势的演化规律并顺势而为，对促进经济体的可持续发展具有重要意义。

其次，为东亚生产网络的分工优化提供参考。东亚各经济体在区域分工中扮演着不同的角色，也在国际分工与交换中获得了相应的利益。然而，利益的分配永远无法平均化，各经济体都在积极寻求增加自身分工收益的路径。本书以比较优势与生产分工的高度匹配、协同发展为切入点，研究东亚生产网络的优化路径，为东亚主要经济体的可持续发展提供了借鉴。

综上所述，在东亚主要经济体比较优势不断动态演化，以及东亚生产分工格局重构的背景下，本书以机械工业为例，通过研究比较优势演化与生产分工优化的协同发展关系，探究东亚各主要经济体在参与生产分工过程中，是否充分发挥了其比较优势的作用，以及是否具有待发掘的比较优势潜力，以促进其生产分工的优化。这既有助于推动国际生产分工与比较优势相关领域的研究，也为推动东亚经济体的比较优势演化和生产分工优化提供了参考，在理论和实践方面均具有重要意义。

第二节　研究思路、结构框架和研究方法

一、研究思路和结构框架

在东亚生产网络不断发展和经济体比较优势动态演化的背景下，东亚生产网络在重新整合区域资源、加强比较优势与生产分工协同发展方面存在一定的优化空间。本书在产品内国际分工框架下选取对东亚具有重要经济影响力且分工程度极高的机械工业，对东亚经济体比较优势与生产分工的匹配性进行研究，不仅在细致划分产品内生产阶段的基础上描绘东亚经济体的生产分工状态，还基于多元化比较优势理论建立比较优势综合评判体系，通过因子分析，结合前瞻性的灰色预测模型，全面掌握经济体比较优势的特征及潜力，最后在系统耦合模型下评估东亚经济体生产分工状态与比较优势的匹配性，探寻东亚机械工业生产分工优化路径。

本书的研究思路和逻辑框架如图 1.1 所示，具体内容如下：

第一章为导论，阐述本书研究背景及研究意义，具体的研究思路、结构框架和研究方法，以及研究的创新点、难点和不足。

第二章为全球生产网络研究概述，对比较优势理论及其应用、国际分工与贸易及东亚生产分工等领域的研究文献进行了梳理、归纳和评述。具体包括全球生产网络的基础与动因、全国分工贸易状况的测度与评估、全球生产网络的经济效应、东亚生产网络的形成与发展等，并在此基础上评述当前研究的现状与不足，以便基于此展开后续研究。

第三章利用 HS1992 六位编码的产品贸易数据描绘东亚生产分工状况与格局变迁。在阐述东亚生产分工演化过程的基础上，首先，从整体上刻画东亚生产网络，通过分析经济体的进出口情况与区域内贸易市场分布，勾勒出东亚生产网络；其次，细致划分产品内分工阶段，分析东亚各主要经济体在机械工业各产品生产阶段的分工状况，探究东亚生产网络分工状况与格局变迁的特征。

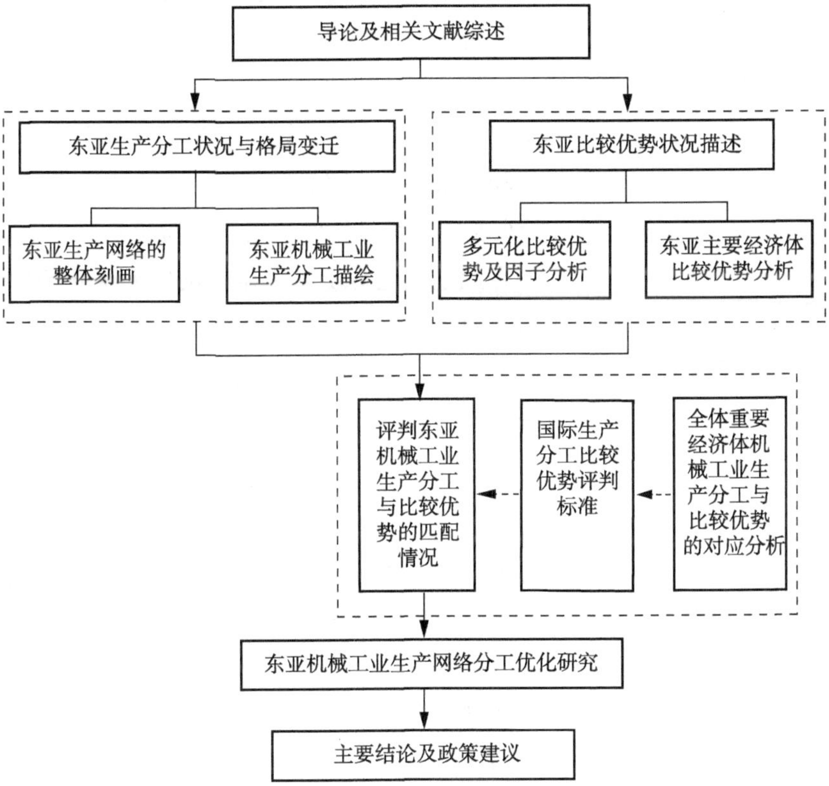

图 1.1 本书的研究思路和逻辑框架

第四章为比较优势评价体系构建与东亚经济体比较优势状况。本章基于多元化比较优势的理论基础，建立细分比较优势来源的综合评价体系，并运用因子分析方法对东亚主要经济体的比较优势状况进行详细的描述和分析。

第五章为东亚机械工业生产分工与比较优势匹配性分析。本章重点在于匹配标准的构建：首先，基于全球重要经济体在机械工业的生产分工状况与比较优势的对应分析，提取不同生产阶段优势经济体群组的比较优势特征，发掘各产品生产环节的核心比较优势，构建国际生产分工的比较优势评判标准；其次，基于评判标准及系统耦合相关理论模型，对东亚机械工业生产网络各主要经济体的分工状况与比较优势的匹配进行评判，评估其是否充分发挥了比较优势的作用，并探讨生产分工与比较优势耦合协调发展的制约因素等。

第六章是对东亚经济体比较优势演化的预测和东亚生产网络的分工优化研究。在前面章节的基础上，本章进一步探讨比较优势与生产分工的协同发展关系，将历史经验与前瞻性研究的思想相结合，通过灰色预测 GM（1，1）模型，分析东亚主要经济体的比较优势演化趋势，发掘经济体的比较优势潜力，并在此基础上分析东亚生产网络的优化问题，寻求与经济体具体情况相适应的生产分工优化战略。

第七章对本书的主要研究进行总结，在相关研究结论的基础上提出政策建议，并进一步指出未来研究方向。

二、研究方法

本书运用多种研究方法进行全面分析：首先，结合相关文献研究成果进行理论分析；其次，基于统计数据展开细致的数据统计及分析；最后，将经验分析与预测分析方法相结合进行计量检验，确保研究形式的规范性、研究方法的科学性和可操作性，以及研究结论的系统性和可信性。以下是对主要研究方法的具体说明。

1. 文献研究

在研究之初，我们对比较优势理论的演化及应用，以及国际分工贸易与东亚生产分工的相关研究进行了文献梳理和评述，为后续研究奠定了基础。

2. 统计研究和数据分析

本书充分挖掘可获得数据，利用数据统计分析方法对研究对象进行准确界定、衡量和剖析。具体而言，本书较为详尽地统计了东亚主要经济体在各生产阶段的进出口贸易情况，并在产品内国际分工各生产阶段，将较为相似的研究对象划分为同类，然后基于显示性对称比较优势指数对全球重要经济体进行聚类分析。此外，在比较优势主要载体的指标构建中，我们还运用因子分析的方法，遵循降维的思想，将多个指标转化为几个综合指标，对统计数据进行简化，简洁明了地揭示了变量之间的关系。

3. 经验分析和预测分析相结合的研究方法

我们运用双固定效应的经验分析方法提取优势经济体群组的特征，探究各生产阶段最具影响的核心比较优势因素，并在灰色系统理论下运用系统耦合的分析方法评估东亚生产网络下各主要经济体是否充分发挥了比较优势的作用。我们还基于历史经验，结合前瞻性的研究思路，对东亚主要经济体的比较优势进行预测分析，发掘比较优势潜力，并对各经济体的分工优化战略进行分析。

第三节 研究的创新点、难点与不足

一、研究的创新点

本书主要对东亚机械工业比较优势演化与生产分工优化协同发展进行了分析，在研究内容、研究视角和研究方法上具有一定的创新性。

（1）从研究内容来看，本书在产品内国际分工框架下评估东亚生产分工与各经济体比较优势的匹配状况，进一步探究比较优势演化与生产分工优化的协同发展路径。在全球生产分工不断深化的过程中，现有关于东亚生产分工与贸易的研究主要集中于东亚生产网络的形成与其经济效应，以及东亚生产网络的格局变迁，研究东亚生产网络格局变迁动因和影响因素的文献相对较少。在为数不多的此类研究文献中，学者们多数着眼于中国、日本等个别国家的经济发展状况，以及区域制度性经济合作等因素，鲜有学者基于比较优势动态演化的视角，通过考查比较优势与分工状态的匹配性来审视东亚生产网络的格局变迁与分工优化。

（2）从研究视角来看，传统的有关国际分工的研究多数停留在经济体或产业水平上，也有部分学者在粗略的大类产品分类水平上分析东亚分工形态和格局，类似的研究视角以及分类行为并未充分考虑产品的真实属性，尤其是国际生产分割深入发展的时代，一种产品的生产实际上包含诸多生产环节，笼统的大类划分存在较大缺陷，缺乏说服力和严密性。相对而言，在产品内国际分工框架下细分产品生产阶段的研究较少。本书尝试从细分产品生产阶段的视角，在零部件、半成品、资本品和消费品各生产阶段下审视东亚机械工业生产网络的分工状态，并进一步依据产品的复杂程度将零部件生产阶段划分为简单零部件、复杂零部件和精密零部件三个生产阶段，详细考查东亚生产网络的分工状况。

（3）从研究方法来看，传统的研究方法多基于过往的面板数据进行经验分析，主要对历史发展经验进行总结和评判，缺乏对未来的前瞻性研究，不利于对东亚生产网络发展方向的把握。本书运用经验分析与前瞻性分析相结合的方法，在经验分析时采用面板数据的双固定检验模型和系统耦合模型，在前瞻性分析时运用灰色预测 GM（1，1）模型，克服了以往实证研究的局限性，为东亚生产网络的发展提供了参考。

二、研究的难点及不足

第一，数据的搜集和统计工作较为复杂。研究涉及大量统计分析工作，主要集中于第三章对东亚生产网络的分工状况与格局变迁的描绘，包括对各主要经济体在产品内分工各生产阶段进出口情况的统计，以及对产品的复杂度指数、显示性对称比较优势指数等指标的测算。其中，最困难的是产品复杂度指数的计算：我们搜集并统计了全球 50 个重要经济体 1996—2013 年 HS 六分位下机械工业 1000 多种产品的贸易数据，这些数据的获取并不难，但对其进行整理、计算和归类是一项比较复杂的工作。此外，细分比较优势基础的指标体系涉及大量统计指标，且运用因子分析方法进行相关处理也较为烦琐。

第二，本书主要研究目的是以机械工业为例，探寻东亚经济体比较优势演化与生产分工优化协同发展的可行性路径。在这一研究目的下，厘清比较优势与生产分工的关系至关重要，只有解决这一难题，才能评判东亚生产网络中各主要经济体是否充分发挥了比较优势的作用，也才能讨论通过发掘比较优势潜力推动生产分工优化的问题。鉴于此，本书对全球重要经济体进行了聚类分析，筛选出各生产阶段下的优势经济体群组，进一步通过计量检验提取优势经济体群组的经济特征，从而获取各生产阶段的核心比较优势，构成国际生产分工的比较优势评判标准，为后续评估东亚机械工业生产网络下各经济体是否充分发挥比较优势的作用奠定基础，也为探究比较优势演化与生产分工优化的协同发展路径提供了参考。

比较优势的动态演化与生产分工优化协同发展问题，是一个复杂而又不断变化的课题，鉴于我们在科研水平和知识结构等方面的局限，本书的研究和结论难免会有疏漏，具体表现为：在对各生产阶段的显示性对称比较优势（RSCA）指数进行估算时，只是对其进行简单的算术平均，这在准确体现不同产品之间的差别方面有一定缺陷；考虑到比较优势的多元化动因并不能穷尽所有，如地理因素（东亚生产网络下经济体本身地缘相近，加上地理因素方面的优势难以度量）等，将在以后通过完善理论和实证模型、细化指标及改进计量方法进行深入研究。

第二章

全球生产网络研究概述

20世纪90年代以来，学术界广泛关注产品内国际分工与贸易的发展，生产过程的全球分散化促进了全球生产网络的形成和发展，国内外相关研究文献不断涌现。国际生产分工的迅速发展和蔓延促进了区域之间更深层次的经贸往来，在加强地缘关系紧密程度的同时，也促进了区域分工合作生产网络的形成与发展。目前，世界上存在着三个区域性的生产网络，分别位于美国与墨西哥之间、德国与东欧国家之间，以及东亚各经济体之间（Ando和Kimura，2005）。许多研究文献表明，东亚地区已经发展为世界上垂直专业化分工最为发达的区域性生产网络（Athukorala和Yamashita，2005）。东亚生产网络是自然形成的，在其形成与发展的初期，东亚各经济体基于自身条件参与生产分工，创造了举世瞩目的“东亚奇迹”。比较优势的演化与东亚生产分工的发展休戚相关，“东亚奇迹”便是各经济体基于自身比较优势适应全球经济一体化发展潮流的佳作。本章对比较优势演化与东亚生产网络优化的相关研究进行梳理和归纳，并对研究现状进行评述，以期为后续研究奠定基础。

第一节　全球生产网络的基础与动因

一、基于全球贸易理论的分析

全球生产网络基础与动因的理论研究大致可以分为两类：一类是基于国际贸易理论的研究，包括传统贸易理论和新贸易理论的扩展；另一类是引入产业组织理论中的不完全契约理论的研究，解释了传统贸易理论不能解释的组织模式选择的问题，为产品内分工的理论研究开辟了新的思路。

（一）基于传统贸易理论的分析

一般认为，运用比较优势理论的产品内国际分工与贸易的理论模型可以追溯到 Batra 和 Casas（1973）建立的两阶段中间品贸易理论模型。他们认为，比较优势仍然是中间产品贸易的源泉。较早对国际垂直专业化分工与贸易建立理论模型的还有 Dixit 和 Grossman（1981），以及 Sanyal 和 Jones（1982），他们均是在要素禀赋理论模型下考虑产品的生产分割。在该模型中，比较优势是产品内国际分工与贸易的决定因素。

Dixit 和 Grossman（1981）的理论模型分析了当劳动力、资本、土地等要素禀赋发生变化时对产品内国际分工的影响。Sanyal 和 Jones（1982）则引入商品谱（goods spectrum）的概念解释产品内国际分工。假定一个完整的生产过程可以用［0，1］表示，并且由相对单位劳动力需求决定各经济体的相对优势。对于任意一个生产过程 X（$0<X<1$），若甲国对劳动力相对需求小，那么甲国就专门从事［0，X］阶段的生产，乙国专注于剩下阶段的生产。Jones（2001）、Findlay 和 Jones（2001）引入国际生产分割（fragmentation）的概念，将产品生产分割为多个生产环节，还对传统的李嘉图（Ricardo）模型进行了改造，假定资本要素可以跨国流动，并且存在中间产品贸易。此时，在传统的比较优势理论下，最终产品的生产者会由于中间产品贸易的存在而发生改变，国际贸易模式也会因此发生改变。

以上均是国外学者对全球生产网络的理论研究，国内学者也对此进行了研究。具有代表性的是卢锋（2004），他对产品内分工的概念进行了详细界定，认为比较优势决定了不同生产阶段的国别分工结构，而规模经济则加强了这种分工模式。杨小凯（2001）认为，贸易结构和分工是由各国的技术和要素禀赋的比较利益决定的。鞠建东等（2004）认为，分工可能提高生产效率，但并不改变要素禀赋与技术比较优势决定贸易结构的结论。张纪（2007）和黄晶（2009）均在李嘉图模型的基础上扩展分析了产品内国际分工的动因。

（二）基于新贸易理论的分析

规模经济和不完全竞争的市场结构是新贸易理论的基本特征，也可以作为分析产品内分工与贸易的基础。利用规模经济解释产品内贸易动因的有 Ethier（1982）、Ishii 和 Yi（1997）、卢锋（2004）等。Ethier（1982）认为，产品内国际分工为零部件的规模生产提供了可能，因此，规模经济和贸易自由化构成了产品内国际分工的基础。Ishii 和 Yi（1997）及国内学者卢锋（2004）则考虑得更全面，既有比较优势，也有规模经济，前者决定了不同生产阶段各经济体的分工结构，后者则强化了这种分工。

也有学者从市场结构的角度进行分析。Egger 和 Falkinger（2003b）认为，在存在差异产品生产和中间品市场的垄断竞争情况下，产品内分工与贸易是否存在主要取决于能否获得规模经济。Chen Guohua 等（2004）基于异质双寡头垄断模型考查本国与外国企业对中间投入品的选择行为。此外，有学者对这种建立在规模经济和垄断竞争基础上的产品内国际分工产生的产业集聚效应进行了深入研究。Jones 和 Kierzkowski（1990）认为，应当把国际分割生产视为一个动态的过程。如果对各种产业进行横向比较，会发现许多工序的生产活动具有相似性。按照工序进行专业化生产会产生规模效应，从而促进技术进步，进而引致不同生产工序的集聚。Jones（2004）和林冰（2017）发现，工序的集聚会产生规模效应，形成良性循环，为国际生产分割提供动力。Dixit 和 Stiglitz（1997）提出生产要素移动能力的非对称性，认为服务联系活动的规模收益递增及后续的溢出效应促进了产业集聚的发生。

（三）引入产业组织理论的分析

上述源于国际贸易理论的研究解释了产品内分工各经济体的选择，但是忽略了企业的微观决策。产业组织理论是产品内分工理论的新领域，可以用来解释产品内国际生产分工组织方式的选择。Melitz（2003）、Antras 和 Helpman（2003）、Spencer（2005）研究后认为，相同行业中生产率的异质性与行业间契约投入品密集度差异的结合会产生四种均衡：本国内包或外包、外国内包或外包。具体选择何种形式取决于行业的特点。Artras（2003）在模型中强调了固定化进入成本的重要性，而没有考虑特定的组织成本。Antras（2005）将产品生命周期理论融入不完全契约模型，认为总部服务密集度的大小决定了企业组织形式的选择。Grossman 和 Helpman（2004，2005）认为，市场厚度与市场规模越大，外包企业越多。Feenstra 和 Hanson（2004）、Feenstra 和 Spencer（2005）基于激励模型研究了企业在订立完全契约的加工合同时对组织形式的选择行为。Grossman 和 Helpman（2004）采用激励的分析方法研究了企业对一体化和外包的权衡。Levchenko（2004）、Nunn（2005，2007）、Costinot（2005）则认为，契约制度与技术特征一起形成了李嘉图比较优势。Acemoglu 和 Antras（2007）的研究表明：契约制度会影响技术的选择，契约制度越完善，选择的工序技术水平越高。因此，契约制度越高效的国家，其技术水平越高，生产率水平也越高，从而会产生更多的比较优势。

二、比较优势理论的应用

（一）比较优势与贸易分工

在国际贸易与分工理论演化的过程中，比较优势原则一直是不同阶段相关理论的精髓，并在国际贸易与生产分工活动不断发展中被赋予新的特征。起初，李嘉图认为国际分工来源于双方劳动生产率的相对差别，双方都生产比自己其他产品更有优势的产品并进行交换，这样能够增加双方的效益。赫克歇尔（Heckscher）和俄林（Ohlin）的要素禀赋论（H-O 理论）指出，各国拥有的要素禀赋差异也产生贸易与生产分工，在要素禀赋结构的引导下，一国多出口富含其充裕要素的产品，进口富含其相对稀缺要素的产品。Grossman 和 Helpman（2002）认为，贸易与分工的基础动因是要素密集度差异，如果不同国家或地区之间达到要素价格均等化，则贸易与分工也就不复存在了。Jones 和 Kierzkowski（2001，2005）认为，贸易与分工对劳动力丰裕的发展中国家来说是有利的，发展中国家尽管在完整的制成品生产上没有比较优势，但可以通过参与劳动密集的生产工序获利。魏浩等（2011）基于比较优势和贸易结构之间的相关关系，研究了我国制成品的比较优势及其稳定性、出口结构及其变动程度。张纪（2013）基于赫克歇尔-俄林要素禀赋理论，通过中国纺织和机电行业的省际面板数据重新证明了要素禀赋比较优势在参与产品内国际分工中的重要作用。此外，许多学者基于不同的比较优势来源对参与国际贸易与生产分工进行多角度的分析，如人力资本、制度等比较优势来源（Rodrik，2006；姚博、魏玮，2012；Costinot，2005；Nunn，2007）。因此，比较优势理论对贸易及生产分工有着非常重要的影响。

（二）比较优势与经济政策

鉴于比较优势对国际贸易分工的重要影响，许多学者对利用比较优势制定经济政策的问题展开研究，尤其对后进的发展中国家而言，但研究争论的焦点主要在于制定经济发展政策是否应遵循比较优势原则。比较优势作为国际分工理论的基础，是否适宜作为一国经济发展的主体战略是值得商榷的，突出的论点是支持派的比较优势发展战略和反对派的比较优势陷阱论。

1. 比较优势发展战略

比较优势发展战略的代表人物是林毅夫。林毅夫、蔡昉、李周（1999a，1999b）和林毅夫（2002）指出，只有按照经济的比较优势组织生产活动，企业和整个经济才能最大限度地创造经济剩余。相反，如果企业的生产组织方式违背经济的比较优势，该企业就不可能创造足够的利润，甚至会出现经营亏损。个体经济体组织尚且如此，一个国家，更应该遵循比较优势的发展战略。政府在制定经济发展政策时，需要遵循比较优势，尤其是发展中国家，只有充分依靠和发挥自身的比较优势，才能建立自己的竞争优势，最大限度地促进经济发展（林毅夫、李永军，2003）。除了林毅夫的观点，还有潜在比较优势发展战略的论断。Harrison 和 Rodríguez-Clare（2009）认为，一些行业具有马歇尔外部性，但由于存在协调问题而发展不足，政府应扶持这些具有“潜在比较优势”（latent comparative advantage）的行业，以实现效率改进。

2. 比较优势陷阱论

比较优势陷阱论认为，若发展中国家单纯根据要素禀赋决定的比较优势确定其国际贸易结构和经济政策，势必受低级生产要素驱使，陷入利益微弱、结构不稳定的“比较优势陷阱”（洪银兴，1997）。长此以往，势必面临“贫困化增长”（immiserizing growth）的风险（Bhagwati，1958）。反对派认为，比较优势理论成立的假定条件在现阶段已经发生改变：生产要素和资源可以在国家间流动；自然资源通过投资或采用新技术是可以被改造或再造的，也可以被新材料替代；经过人力投资，劳动力技能和素质不断提高，可以克服劳动力数量不足的问题。这些都表明，大部分发展中国家所具有的自然资源和劳动力资源的比较优势在国际竞争中已不具有垄断优势，如果单纯根据比较利益论制定本国对外贸易发展和产业调整的长期发展战略，势必导致该国的资源配置和产业结构跌入“利益陷阱”之中。

第二节　全球分工贸易状况的测度与评估

随着全球生产网络的形成和不断发展，生产分工贸易状况的相关研究迅速引起广泛关注。在此背景下，产品内国际分工参与程度和分工地位的测度成为摆在学者们面前最基本的问题。本节主要对产品内分工参与程度和分工地位的测度进行归纳和梳理。

一、产品内国际分工参与程度的测度

国内外学者对产品内国际分工的参与程度主要采用以下两种方法进行测度：

第一，基于零部件贸易数据、中间产品贸易数据或加工贸易数据设

计指标进行测度。由于零部件贸易是产品内国际分工的主要表现形态，而且从国际标准贸易分类的海关统计数据库中很容易获得数据，所以很多学者都用零部件贸易对产品内国际分工与贸易进行测度，代表学者有 Ng 和 Yeats（2001，2003）、Gorg（2000）、Lall 等（2004）、Amighini（2005）、Athukorala（2005）、Zeddies（2011）、Kimura 和 Ando（2003）、Kimura 等（2007）。他们一般采用国际贸易标准分类 SITC REV2.0 或者 REV3.0 中的第 7 类和第 8 类机械产品零部件贸易表示产品内国际贸易。

还有一些学者采用国际贸易分类的另一种方法 BEC（Broad Economic Catalogue）进行测度。在这种分类里，中间产品可以与最终产品区分开，数据也比较容易获得，学者们利用中间产品贸易或者在此基础上设计其他指标测度产品内分工程度，如 Geishecker 和 Gorg（2011）利用中间品进口及产业产值数据测度外包。计算公式有狭义和广义之分。

狭义外包是指从国外同一产业进口的中间品价值占国内该产业产值的比重，计算公式为

$$\mathrm{OUT}_{it}^{\mathrm{narrow}} = \mathrm{IMP}_{it}/Y_{it}$$

其中，i 表示产业；t 表示时期；$\mathrm{OUT}_{it}^{\mathrm{narrow}}$ 表示狭义上 i 产业 t 时期的外包；IMP_{it} 表示一国 i 产业 t 时期从国外同一产业进口的中间品价值；Y_{it} 表示国内 i 产业 t 时期的产值。

广义外包则包括该产业从国外进口的所有中间品，计算公式为

$$\mathrm{OUT}_{it}^{\mathrm{wide}} = \sum_{i=1}^{I} \mathrm{IMP}_{it}/Y_{it}$$

其中，$\mathrm{OUT}_{it}^{\mathrm{wide}}$ 表示广义上 i 产业 t 时期的外包；I 表示 i 产业从国外进口的所有中间品的种类；其他字母含义与上式相同。

还有些学者如王峰（2008）为了计算简便，用中间产品贸易制造非一体化生产指数表示产品内分工程度，如用一国非一体化生产指数表示一国进口中间产品贸易额占总产出的比重。

许多发展中东道国会以加工贸易方式参与产品内国际分工和国际贸易，因此有些学者也用加工贸易法度量产品内国际分工，如

Baldone（2001）、Feenstra 和 Hanson（2004）、张纪（2007）、高越和高峰（2006）等。

第二，利用国际投入产出表设计指标进行测度。Hummels 等（2001）将进入出口产品中的进口投入品的价值及其比例作为考查产品内分工程度的指标，称为“垂直专业化指数”。他们将产品内分工描述为垂直专业化分工，首先对这种分工的主要形式进行严格定义，然后依据定义给出计算这种产品内分工程度的指标。将出口产品中的进口投入品价值区分开并不是一件容易的事。Hummels 等利用国际投入产出表实现了对该指标的计算。投入产出表提供了各个产业详细的中间投入、出口和产出数据。根据他们的计算，一国参与垂直专业化分工的程度就是一国参与产品内国际分工的程度。依据其定义，垂直专业指标有两种，一种为垂直专业化贸易份额（Vertical Specialization，VS），指一个国家的出口品中包含的进口投入品的价值，其计算公式为

$$VS_{np}=(II_{np}/Y_{np})\times E_{np}$$

其中，n 表示国家；p 表示产品；II_{np}表示 n 国 p 产品生产所需的进口中间品价值；Y_{np}表示 n 国 p 产品的产值；E_{np}表示 n 国 p 产品的总出口额。

另一种指标是指一个国家的出口品中被进口国当作中间投入品的价值，记为 $VS1$，其计算公式为

$$VS1_{np}=\sum_{k=1}^{N}EI_{nkp}(E_{kp}/Y_{kp})$$

其中，$VS1_{np}$表示以另外一种方法测算的 n 国 p 产品的垂直专业化贸易份额；k 表示 n 国产品出口的目的国；N 表示出口目的国的数量；EI_{nkp}表示 p 产品作为中间品由 n 国出口到 k 国的价值；Y_{kp}表示 k 国 p 产品的产值；E_{kp}表示 k 国 p 产品的总进口额。

为了反映一国参与国际垂直专业化分工的程度，还要计算 VS 占出口的比值，即 VS 比率。其基本计算公式为

$$VSS=\mu A^{M}\ (I-A^{D})^{-1}$$

其中，VSS 表示垂直专业化贸易比率；μ 表示元素为 1 的行向量；A^{M} 表示进口品直接消耗系数矩阵；I 表示单位矩阵；A^{D} 表示国内产品直接消

耗系数矩阵。

Hummels 等的方法后来被广泛应用。很多学者如 Dean 等（2008），以及国内学者吴福象（2005）、刘志彪和刘晓诞（2001）、张小蒂和孙景蔚（2006）等均使用该指标进行经验研究。有些学者在研究中对该指标基于实际数据获得的难易程度进行了改进或修正。

二、产品内国际分工地位的测度

有关参与产品内国际分工体系地位判别方法的研究大致可分为以下三类：

第一类，基于出口产品价格的研究。施炳展（2010）采用出口产品价格的跨国比较方法，对中国制造业的国际分工地位进行了研究，得出中国制造业出口产品绝大多数处于低端水平，且随着产品技术含量增加，中国分工地位逐渐恶化的研究结论。胡昭玲和宋佳（2013）通过研究出口价格的变化，分析了中国制造业在国际分工体系中的地位。结果显示：中国制造业的国际分工地位偏低，但入世以后有所改善，低技术产品的分工地位要高于中高技术产品。

第二类，基于增加值角度的分析。Koopman 等（2010）在增加值分解的基础上提出测算一国产业国际分工地位的“GVC 地位指数”。黄先海和杨高举（2010）基于“非竞争型投入占用产出”模型，测算了中国高技术产业国际分工地位的变化。结果表明：1995 年以来，中国高技术产业国际分工地位因为劳动生产率的明显进步而快速提高，但与主要发达国家相比，仍有较大差距。Stehrer（2012）进一步明确了增加值贸易和贸易中的增加值这两个概念，并基于国际投入产出表分别采用增加值出口和出口中包含的国内增加值两种方法对中美贸易逆差进行了衡量和对比。郭晶和赵越（2012）剔除中间产品，构建了高技术产业完全国内增加值率指标，认为 1995—2005 年中国、波兰等国的高技术产业地位明显下降。

第三类，基于出口产品技术水平的研究，包括出口产品技术复杂度（或称出口品技术含量）、出口产品国内技术含量、出口商品结构的相似度指数等衡量指标。在产品内国际分工体系中，一国（地区）在全球价值链分工中的位置与生产工序或环节的技术层次最终体现在具体的产品上（包含最终产品及原材料、零部件等）。例如，原材料和普通部件对应产品价值链中低端的生产环节，而核心部件则对应高端的研发和生产环节。正如 Lall 等（2005）、高越（2019）所指出的，一国的出口商品体现了该国的劳动技能、科学技术和在加工价值链中的位置，出口商品越复杂，意味着该国所处的价值链位置越高；一国的出口商品构成，可以作为该国所处价值链位置的间接证据。许斌和卢江勇（2009）测算了中国的出口复杂度指数。结果显示：1992—2005 年，该指数从 0.54 稳步上升到 0.73，说明中国在价值链中的位置正在快速上升。姚洋和张晔（2008）首次提出“出口品国内技术含量”的概念。他们研究后发现：1997—2002 年，全国以及江苏省的出口品国内技术含量迅速下降，而且全部技术含量没有显著提高；广东省的出口品国内技术含量在 1992—2002 年呈现先下降、后上升的“V”形变化；中国出口品国内技术含量的下降可能只是一个暂时现象。王直和魏尚进（2008）以出口商品结构的相似度指数（Export Similarity Index，ESI）作为衡量指标，通过比较发展中国家与发达国家的出口结构，反映该国与全球价值链高端环节的相对距离。

第三节　全球生产网络的经济效应

Hummels 等（1998，2001）的研究证实了垂直专业化发展与贸易增长的相关关系。国内学者张红霞（2018）进一步阐述了对外贸易差异对区域经济发展的影响。在具体的经济效应方面，大量研究文献集中于国际分工贸易对东道国劳动力市场上劳动需求和收入分配，以及技术进步的影响。

一、劳动力市场的影响

盛斌和马涛（2008）通过中间产品贸易情况测度外包的程度，运用动态面板数据模型考查产品内分工对中国工业劳动力需求的影响。Feenstra 和 Hanson（1995，1996，1999，2001）认为，在产品内国际分工与贸易背景下，发达国家出于降低生产成本的考虑，将非熟练劳动力密集型工序转移到发展中国家，会使国内非熟练劳动力需求相对下降，熟练劳动力需求相对上升，进而引起熟练劳动力收入相对提高。宗毅君（2008）认为，与发达国家相似，对发展中国家来说，产品内国际分工与贸易使高技术劳动力相对于低技术劳动力的报酬率得到提高，收入差距进一步扩大。他基于中国的经验分析表明，参与国际产品内分工在一定程度上促进了中国工业行业平均工资差距的扩大。但是，胡昭玲和刘彦磊（2014）基于1995—2009年中国工业细分行业的样本，从理论和实证两个角度进行研究后认为，参与产品内国际分工对中国工业行业熟练劳动力与非熟练劳动力相对工资差距具有缩小的影响。发展中国家将熟练劳动力密集型环节外包出去，会对相对工资产生静态负向影响，并且这一效应在技术密集度越高的行业越明显。随着参与产品内国际分工生产技术的提升，对熟练劳动力的需求不断增加，分工缩小工资差距的效应会逐渐减弱。学者们的结论不尽一致。Jones 和 Kierzkowski（2001）认为，产品内分工与贸易的收入分配效应具有不确定性，其结果可能依赖于一国的要素禀赋、产业性质、生产方式及其在特定生产阶段的要素密集度等多种因素之间复杂的相互影响。

二、技术进步的影响

Jabbour（2005）证实了垂直专业化可以成为技术扩散途径的结论，还分析了不同垂直专业化模式对技术溢出的影响。Glass 和 Saggi（2001）研究了发达国家向低工资的发展中国家外包生产环节对发达国家工资率与创新的影响。Pack 和 Saggi（2001）考虑了发达国家进口中间投入的企业向发展中国家供给中间投入的企业转移技术的情况，假定这一技术会扩散到发展中国家的其他企业，这种技术扩散就会引发中间投入供给企业之间的竞争，从而使发达国家的企业受益。刘廷华等（2018）基于学习效应进行研究后指出，接受国的企业甚至整个国家都可能从垂直专业化的技术扩散中获益。Amighini（2005）对中国ICT产业的分析表明，中国在这类产业的国际垂直分工中从低端起步，从技术扩散中获益，这对整个国家的产业升级都产生了积极影响。胡昭玲（2007）对中国工业参与产品内国际分工的研究验证了其提高工业生产率的效应，并且产品内国际分工对生产率的影响程度与行业特性密切相关。在我国工业各行业中，资本密集型行业与出口密集度高的行业表现出更快地参与到产品内国际分工中去的趋势。在这些行业，产品内国际分工对生产率提高的促进作用也更显著。张纪（2008）阐述了全球生产网络内部的技术扩散机制，并基于中国1990—2005年的数据检验，进一步验证了产品内国际分工网络内部存在的技术扩散效应。

第四节　东亚生产网络的形成与发展

全球生产网络促进了区域之间的经贸往来，加强了地缘关系的紧密程度，同时也为区域经济合作增添了新的变数。东亚生产网络是在国际生产分工发展潮流下形成的，遵循从产业间分工到产业内分工，再到产品内国际分工的演化规律，是目前世界上存在的三个区域性生产网络之一（Ando和Kimura，2003）。新的东亚生产网络是指在产品内国际分工条件下，商品生产流程按价值链属性分散在东亚各经济体，东亚各经济体在产品内分工各个生产阶段从事专业化生产，并通过产品内贸易形成的多层次、网络状生产分工体系。东亚生产网络的发展特征具有较高的研究价值，学者们对此进行了大量研究。

一、东亚生产网络的形成

（一）雁行模式

如今的东亚生产网络是指在产品内国际分工的背景下，商品的生产过程被精细化分割为许多生产环节，各经济体在产品内分工各个环节从事专业化生产，并通过产品内贸易形成的多层次、网络状生产体系。这一生产体系最初是在产业间分工和产业内分工基础上演化而来的，它的形成起源于“雁行模式”（Flying Geese Pattern）。1935 年，日本经济学家赤松要（Akamatsu）提出了“雁行模式”①，后经小岛清（Kojima）、山泽逸平、Ozawa 等的拓展和完善，出现了“雁行模式的派生型Ⅱ”，用于解释日本对东亚其他经济体的直接投资、贸易及产业转移现象（Kojima，2000）。关志雄（2002）对“雁行模式”的定义：“亚洲各国根据不同的工业化发展阶段，相互维持分工关系，出口各自拥有比较优势的产品，同时不断提高自身工业化水平的一种结构。”20 世纪 60 年代中期以来，在日本主导下，东亚地区形成了“雁行模式”。被广泛接受的“雁行模式”表现为：以技术密集型产业为主的日本作为领头雁；亚洲新兴工业化经济体（NIEs）② 以资本密集型产业为主紧随其后（两翼）；中国和东盟国家再随其后（尾雁），主要以劳动密集型产业为主。

“二战”后，东亚各经济体先后积极实行出口导向政策，东亚产业分工呈现按梯度先后顺次转移的动态分工模式，即各经济体产业不断升级，同时不断转移边际产业到技术水平紧接其后的落后经济体内。当某一产业因为在某一经济体内成为边际产业而没有竞争力时，就按技术梯度转移出去，同时积极发展新的产业，这种产业转移、升级现象在东亚

① 雁行模式的概念被认为是由日本学者赤松要于 1935 年在《我国羊毛工业品的贸易趋势》中首先提出的。相关讨论见中国社科院研究生院刘德伟的博士学位论文《东亚区域生产网络与贸易不平衡》（2011 年，第 50~51 页）。

② 这里的 NIEs 指的就是“亚洲四小龙”。实际上，NIEs 就是这四个经济体的专称。在 1988 年召开的七国首脑会议上，与会首脑提出用“NIEs”取代“NICs”，并以此特指“亚洲四小龙”。

不同层次经济体之间发生。日本学者小岛清（Kiyoshi Kojima）用描述国内产业动态变化的“雁行模式”来反映东亚产业间分工及分工的动态变化[①]，随后就称上述经济体之间的产业梯级转移为“雁行模式”。东亚生产网络雏形的形成得益于“雁行模式”，东亚各经济体之间大体上遵循了产业间分工格局，形成了技术层次递减的“日本—‘亚洲四小龙’—东盟、中国”的雁行模式。

（二）日本的角色

“雁行模式”依赖日本的对外投资和技术扩散。“二战后”，日本经过恢复和发展，于1955年进入经济的高速发展时期，国内生产总值快速增长。1968年，日本国内生产总值位列世界第二（名义GDP达到1466.01亿美元[②]），科技实力和产业竞争力处于世界领先水平。这一时期，其他东亚经济体则处于较为落后的经济状态，产业结构多以农业、种植业或采矿业为主。陈勇（2006）指出，东亚遵循从劳动密集型工业到资本密集型工业，再到技术密集型工业持续升级的工业化演化路径，日本对东亚区域内各经济体的直接投资在很大程度上发挥着引导作用，东亚经济体的产业升级得益于日本每次的产业迁移。Urata（2004）基于日本企业进行对外投资的数据资料，揭示了东亚生产网络形成过程中日本的重要性。在东亚区域内，领先者在制造业的比较优势成功地传递给跟随者，跟随者再传递给之后的跟随者（Stiglitz等，2003）。

20世纪70年代以后，由于NIEs大力推动产业升级并引入先进技术，日本与“亚洲四小龙”之间的产业内分工贸易和投资明显增加，分工领域也从纺织服装等劳动密集型行业扩展到钢铁、船舶、电子等资本密集型和部分技术密集型行业。20世纪80年代，日本逐渐把各个生产环节布局在临近的经济体内，以最大化其资源配置效率。Hart-Landsberg和Burkett（1998）认为，东亚区域日资跨国公司的目的，是在东

---

① 小岛清（1987）在其“边际产业转移论”的推论中指出，对外直接投资应当立足于“比较成本原理”进行判断，主张对发展中国家工业的投资按照比较成本及其变动依次进行，并从差距小、容易转移的技术开始，按次序进行转移。

② 数据来源于世界银行数据库。

亚建立一个区域性的生产结构，并将所有潜在竞争者收纳进来，以支持而不是威胁日本的利益，这就需要层级式的生产和投资体系。它们允许日本利用其技术、金融和市场控制力去实现利润最大化和在不同层级之间的分配。Hatch 和 Yamamura（1996）将这种日本主导下的生产和投资体系称为“日本怀抱中的东亚生产联盟”。这也就是早期的东亚“雁行模式”。

雁行模式的发展无疑加强了东亚各经济体之间的经济联系，也加快了经济一体化进程，为东亚生产网络的形成打下了经济基础。东亚地区从“雁行模式”时期的以产业间垂直分工为主的分工格局逐渐转变为以产业内分工和产品内分工为主、产业间分工并存的复合型网络分工体系，从而形成了多条价值链相互交织的东亚生产网络。东亚生产网络逐渐超出日本的控制，在“雁行模式”引领东亚各经济体经济飞速增长的同时，各经济体之间相互赶超的发展模式也预示着雁行结构的解体。

二、东亚生产网络的基础

（一）国际分工的深化发展

国际分工的深化使东亚生产网络迅速扩张。国际生产网络的发展演化出一种与产业间分工和产业内分工不同的新的分工模式，即“产品内分工”，这成为东亚生产网络发展的内在动力。发达经济体由于具有技术和资金优势，往往从事设计、开发及关键零部件的生产，而发展中国家具有劳动力成本较低的优势，多从事劳动密集度较高的加工和装配环节。20 世纪 80 年代末期，日本和“亚洲四小龙”货币的大幅升值削弱了其制造业的竞争力，它们逐步将一些劳动密集型产业转移到低工资的东盟四国和中国大陆，东亚地区形成了产业间分工、产业内分工和产品内分工并存的复合型网络分工体系，并使东亚生产网络迅速扩张。

（二）东亚区域内各经济体发展水平的差异互补性

东亚各经济体的异质性是东亚生产网络发展的基础。尽管对区域外市场来说，东亚各经济体之间可能存在竞争关系，但从垂直分工和收入增长效应来看，东亚各经济体在生产结构和发展路径上是互补的（Haddad，2007）。各经济体的工资水平和经济发展阶段不尽相同，经济发展水平相差很大，在劳动力要素成本、人力资本成本、产业配套服务、关税和税收水平上存在着很大差别，造成不同国家和地区的区位优势不尽相同。Ng 和 Yeats（2001）讨论了东亚生产共享网络，计算了各国的组装和生产显性比较优势指数，然后基于各国出口数据提出线性分析方法，指出东亚各经济体之间技术水平的多样性和差异性。东亚建立在垂直分工基础上的产业内贸易与欧盟建立在水平分工基础上的产业内贸易形成了鲜明对比，并体现为与零部件贸易相伴的分工现象，区域内发达经济体发挥其在资本、技术密集型生产阶段的优势，发展中国家则发挥其在资源、劳动力成本上的优势，专业化于不同生产环节的生产和加工，这大大促进了东亚区域垂直分工网络的发展。

此外，东亚区域内各经济体在地理位置上临近，这也为东亚生产网络的形成奠定了基础。东亚各经济体在外贸与投资等方面的制度性安排，也是促进这一生产分工体系形成与发展的重要因素（王静文，2007）。

三、东亚生产网络的发展特征

（一）东亚区域经济体早期的分工形态

起初，Akamatsu（1935）提出雁行产业发展形态说，是指某一产业在不同国家伴随产业转移先后兴盛或衰退，以及在其中一国不同产业先后兴盛或衰退的过程。基于这一理论，小岛清等派生出“雁行模式”，以演绎东亚的生产分工形态。Kojima 和 Ozawa（1984，1985）指出，东亚“雁行模式”以日本为头雁，带动“亚洲四小龙”（包含韩国、中国台湾、中国香港、新加坡）、东盟各国（包含印度尼西亚、马来西亚、菲律宾、泰国等）以及中国等东亚经济体的发展。日本企业通过 FDI（外商直接投资）以及公司内贸易的方式，向东亚地区复制其国内的系列生产体制，构筑起“日本怀抱中的东亚生产联盟”（Hatch 和 Yamamura，1996）。东亚早期便在部分行业（如电子、服装、汽车行业）形成了区域性的分工合作生产体系（Urata，2004）。在“雁行模式”主导的东亚生产网络中，日本企业将东亚视为迂回生产基地和出口平台，进行产业转移和自身结构升级。日本生产技术密集型产品，“亚洲四小龙”生产资本密集型和低端技术密集型产品，而中国和东盟生产劳动密集型产品。东亚各经济体之间大体上遵循了产业间分工格局，形成了技术层次递减的“日本—‘亚洲四小龙’—东盟、中国”的雁行模式。我们不得不承认，这种早期的雁行模式下的生产分工促进了大部分东亚经济体的发展，并维持了较长时期的区域高速增长。

（二）东亚生产网络的格局变迁

随着国际分工的深化以及经济一体化的不断发展，东亚生产网络逐渐超出日本的控制，形成了一个涉及众多价值链、体现不同经济体特色的复杂生产网络。20 世纪 90 年代以后，日本经济深陷停滞与衰退的泥潭，“雁行模式”中的雁头和雁尾的差距不断缩小，原来层次分明的分工模式发生了变化，“雁行模式”开始走向衰落。有学者研究后指出，20 世纪 90 年代以来，东亚产品内分工与贸易迅速发展，“雁行模式”已然衰落（Kasahara，2004）。Kasahara（2004）明确提出，“雁行模式”的流行在 20 世纪 90 年代初达到最高点，之后逐渐淡出人们的视野。许多学者认为，东亚金融危机给东亚造成的打击导致了“雁行模式”的解体。例如，张捷（1999）认为，亚洲金融危机是东亚产业结构矛盾积累的结果，这场危机宣告了“雁行模式”的终结。2001 年 5 月，日本经济产业省发表的《通商白皮书》也第一次明确指出：以日本为“领头雁”的东亚经济“雁行形态发展”时代已经结束，取而代之的是“以东亚为舞台的大竞争时代”（金熙德，2002）。2003 年 11 月 4 日，《参考消息》转载《日本工业新闻》的文章中也提到，亚洲经济已经突破“雁行模式”。

新的东亚生产网络正在重新布局。孙晓刚（2001）基于动态比较优势理论简单概述了东亚模式的变化。卢锋（2004）指出，“亚洲四小龙”和其他发展中国家在很多产品供应链系统中，沿着简单组装、辅助零部件制造、一般和重要零部件制造、高级组装和核心部件制造的产品内分工阶梯向上攀登。张帆（2003）也指出，在新的东亚生产分工网络下，东亚进入“大竞争时代”。部分学者对东亚“大竞争时代”下日本的区域生产分工影响力进行了研究。MacIntyre 和 Naughton（2005）认为，欧美的技术和中华圈网络结合已经取代了日本在东亚生产网络中的作用。唐海燕和张会清（2008）也认为，中国大陆在融入东亚生产网络的过程中逐渐崛起，成为东亚制造中心，削弱了日本和“亚洲四小龙”的网络影响力。东亚地区从“雁行模式”时期以产业间垂直分工为主的分工格局逐渐转变为以产业内分工和产品内分工为主、产业间分工并存的复合型网络分工体系，从而形成了多条价值链相互交织的东亚区域生产网络。尽管“雁行模式”已经趋于解体，但这一模式通过日本企业在东亚的一系列活动，包括贸易、投资、许可、转包等，勾画出东亚生产网络的大致轮廓，而且这种生产网络是东亚经济体保持发展的源泉。

不过，也有人认为“雁行模式”依然客观存在。关志雄（2002）通过对美国市场上中国和日本 IT 产品的实证分析，认为中日产业之间只有一小部分存在竞争，从总体上看，日本和中国仍然处于不同的产业发展阶段，垂直型分工仍然很明显，因而否认“雁行模式”的终结。许心鹏、宋立刚（2002）的研究也证实了上述观点，他们发现东亚区域已经形成了新型的贸易专业化分工模式，中国、东盟和亚洲新兴经济体从不同阶段向日本的出口结构收敛。显然，东亚经济体依然遵循“雁行模式”，在产业分工上也呈现出明显的梯度特征。也有学者表示，新的东亚生产分工体系并非脱离“雁行模式”，而是对它的超越，这种超越的形式可以表现为“竹节型资本主义”（Bamboo Capitalism），东亚经济体通过零部件和中间品贸易，以及跨境生产协作，不断成长，在东亚地区形成多样性的产业群链（Roland-Holst 等，2003）。

学者们对东亚生产网络的格局变迁各持己见，但大多数学者认为东亚各经济体的互补性经济发展差异削弱，支持“雁行模式”的终结。那么，在“大竞争时代”，在水平型和垂直型分工形式错综复杂的东亚生产网络内，“雁行模式”严格的梯度分工次序是否会延续？东亚生产网络的格局如何演化为值得研究的话题？

第五节　研究现状评论

从研究内容来看，在全球生产分工不断深化的过程中，以往关于东亚生产分工与贸易的研究主要集中于东亚生产网络的形成、经济效应以及格局变迁。相对而言，有关东亚生产网络格局变迁的动因和影响因素的研究较少。在为数不多的此类研究文献中，学者们多数着眼于中国、日本等个别国家的经济发展状况，以及区域制度性经济合作等因素，鲜有学者基于比较优势动态演化的视角，通过考查比较优势与分工状况的匹配情况来审视东亚生产网络的格局变迁与分工优化。本书在产品内国际分工框架下重申比较优势的重要性，利用全球重要经济体的比较优势特征和生产分工的对应状况构建国际生产分工的比较优势评判标准，进而评估东亚的分工状况，并探究比较优势演化与生产分工优化的协同发展关系，是对现有研究的补充和完善。

从研究视角来看，传统的贸易分工领域的研究多数在经济体、产业水平上分析贸易情形或分工状态，也有部分学者在粗略的大类产品分类水平上分析东亚分工状况和格局，类似的研究视角及分类行为并未充分考虑产品的真实属性，尤其是国际生产分割深入发展的时代。一种产品的生产要经过诸多环节，笼统的大类划分存在较大缺陷，经济体和产业水平的分析更是缺乏说服力和严密性。相对而言，在产品内国际分工框架下细分产品生产阶段的研究相对较少。鉴于这样的研究现状，我们尝试基于细分产品生产阶段的视角，依据产品的复杂程度对零部件生产阶段进行进一步划分，详细刻画和考查东亚生产网络的分工状况及格局变迁，以期为后续东亚生产网络的相关研究奠定基础。

此外，少数研究比较优势与东亚生产网络的文献注重从理论层面进行分析，为数不多的文献从人力资本、技术等某一比较优势来源的角度展开实证研究，但相关研究仍显薄弱。近年兴起的多元化比较优势理论展现了诸多比较优势来源，将其完整地纳入东亚生产网络的研究，是对现有研究文献的有益补充。因此，我们在以往学者们理论及实证研究的基础之上，尽可能详尽、全面地考虑比较优势的多元化来源，构建细分比较优势基础的指标体系，利用多元化的比较优势，较为全面地考查比较优势与东亚各经济体分工状况的匹配情况，探查东亚各经济体的生产分工是否充分发挥了比较优势的作用。

第三章

东亚生产分工状况与格局变迁

东亚生产网络经历了半个多世纪的发展，在世界经济发展中的影响力和关注度已然不亚于北美自由贸易区以及欧洲联盟。从历史发展的角度来看，东亚生产分工的演化主要体现为从最初的“雁行模式”到如今的“东亚生产网络”的转变过程。

第一节　东亚区域的生产分工状况

从20世纪60年代开始，东亚区域的生产分工由日本率先起步，并通过产业转移和产业升级带动东亚区域的经济体，表现出集体性的高速增长。起初，日本企业只是为了利用区域内其他经济体的劳动力禀赋优势，通过外商直接投资（FDI）等方式，将成熟产业向区域内的后发经济体转移，形成了东亚区域推行的“雁行模式”，如图3.1所示。

“雁行模式”通过日本企业对东亚的技术和产业转移实现，东亚各经济体的经济发展水平和禀赋条件是“雁行模式”稳定发展的基础。在“雁行模式”下，“领头雁”日本专业化生产并出口技术密集型产品。当时的亚洲新兴工业化经济体作为“雁身”，专业化生产并出口资本密集型与中低端技术含量的产品，而“雁尾”中国与东盟诸国则主要生产并出口技术含量最低的密集使用劳动力要素的产品。东亚各经济体之间的分工格局大体上形成了技术层次递减的“日本—‘亚洲四小龙’—东盟四国—中国、越南等”的“雁行模式”。

东亚各经济体均采取基于自身比较优势大力发展出口导向型产业的战略，使东亚区域的快速增长得益于各经济体基于比较优势适应全

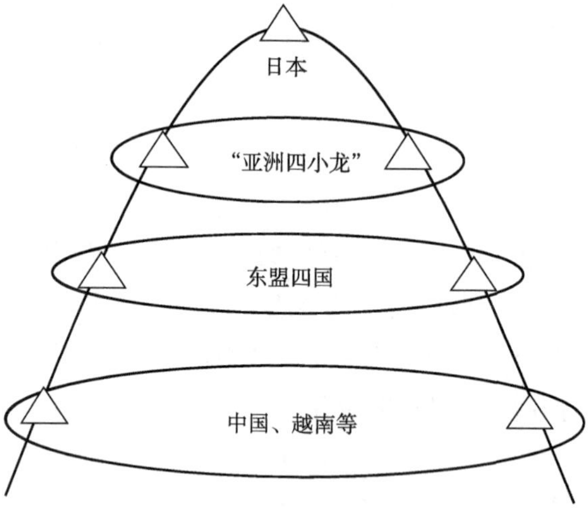

图 3.1　东亚“雁行模式”示意

资料来源：参考 Satoru Kumagai（2008）等的相关研究绘制。

球经济一体化的发展潮流。20 世纪 80 年代中期以后，东亚各经济体的开放程度不断加深，大批跨国公司进入，其经济先后崛起，技术条件也发生了变化。“亚洲四小龙”承接了日本的制造业转移，在较短时间内把自己建设成新工业经济体。东盟和中国在发展劳动密集型产业的同时，也开始发展资金密集型和技术密集型产业。早期的“雁行模式”下的生产分工促进了大部分东亚经济体的发展，并维持了较长时期的区域高速增长。

东亚区域生产分工本身是一个动态的过程，尤其是产品内分工（Intra-production Specialization）的兴起，促使东亚生产网络从 20 世纪 90 年代开始转变，逐步形成更为紧密的、多层次的复杂生产网络。20 世纪 90 年代以来，随着全球生产分工的日益深化，世界范围内的生产分工和贸易进一步延伸至生产环节，产品内分工迅速在东亚区域兴起，东亚区域的生产分工发生重大变化。在产品内分工形式下，商品生产的全过程被划分为不同的环节，由此前完全在一个国家或地区独立生产一件最终产品的生产组织方式，转变为在多个国家或地区共同完成产品各生产环节的组织形式。新的生产体系由跨国公司主导，表现为产业间分工、产业内分工及工序分工并存的多层次复杂生产体系。跨国公司出于生产成本最小化的动机，将产品生产过程分解为多个生产片段，并将其放在成本最低的国家或地区，逐步形成产品生产链错综复杂的东亚生产网络。

在东亚生产网络中，起初“雁行模式”中的“雁头”和“雁尾”的差距不断缩小，原来层次分明的垂直型分工在两者的挤压下开始变形。加上“亚洲四小龙”的不断赶超，各经济体的比较优势多有重合，东亚梯度有序、层次分明的垂直化分工模式难以为继。基于跨国公司联系下的东亚生产网络不再局限于日本的主导，在相互交织、精细分割的生产链中，各经济体的企业参与的生产环节具有多重属性。东亚各经济体的企业在诸多不同资本密集度和技术复杂度的生产环节上的专业化生产，以及区域内更为紧密的生产协作，体现出产品内国际分工模式下东亚已然形成了复杂的生产网络。

东亚生产网络是一个包含众多经济体和跨国公司，涉及大量价值链和充分体现区域差异性的生产分工体系。东亚生产网络重塑了东亚经济体之间的分工结构，使区域内各经济体共享国际生产分工的发展机遇。东亚生产网络的分工结构并非一成不变，而是动态演化的，对超越“雁行模式”的东亚生产网络新特征的刻画和描绘也因此成为摆在政界和学术界面前的重要课题。鉴于此，本章主要通过对东亚生产网络的整体刻画，以及对东亚机械工业生产分工的描绘来阐释东亚生产网络的分工状况与格局变迁。

第二节 东亚生产网络的整体刻画

要掌握东亚生产网络的分工状况与格局变迁，首先需要从整体上对东亚生产网络进行刻画，了解东亚各经济体在产品内分工框架下参与区域生产分工的状况及变化。考虑到东亚各经济体的规模和经济影响力，以及数据的可得性和完整性，本书对东亚生产网络的研究主要集中在中国（不含港、澳、台地区）、日本、韩国、新加坡、马来西亚、泰国、菲律宾、印度尼西亚、越南这九个东亚主要经济体。具体而言，采用UN Comtrade贸易统计数据库，对东亚主要经济体在各生产阶段的进出口贸易及区域内贸易市场分布情况进行统计分析，通过梳理经济体参与东亚区域分工贸易的详细情况，勾勒东亚生产网络，并描述其特征。

一、东亚主要经济体进出口贸易情况

起初，东亚区域的分工与贸易主要是由日本主导的产业间分工合作，区域内后发国家主要提供工业原料或者进行一些简单消费品的制造。在韩国、新加坡等新兴市场化经济体不断发展的条件下，分工合作向产业内转变的特征明显，分工合作领域逐渐从纺织、服装等劳动密集型行业扩展到钢铁、船舶、电子等资本密集型和部分技术密集型行业。随着经济全球化趋势的不断发展，生产分工持续深化。20世纪90年代，产品内国际分工形式在全球迅速蔓延，深刻影响东亚区域的分工合作与贸易。与此同时，日本和“亚洲四小龙”货币的大幅升值削弱了其制造业的竞争力，它们逐步将一些劳动密集型产业转移到低工资的东盟四国和中国大陆，东亚区域逐渐形成了产业间分工、产业内分工和产品内分工并存的多层次复杂生产网络，并迅速扩张。东亚生产网络不仅重塑了东亚经济体之间的分工结构，而且促使区域内各经济体共享国际生产分工的发展机遇。

本节详细考查20世纪90年代中期以来，在产品内国际分工框架下，东亚经济体在各生产阶段的进出口贸易情况，以掌握东亚主要经济体的生产分工状况，考查东亚生产网络的结构及其变化特征。对于生产阶段的划分，我们参考Lemoine Francoise和Unal-Kesenci Deniz（2002）对产品内生产分工阶段的划分方法，将产品内生产分工阶段具体划分为初级产品、中间品（零部件和半成品）和制成品（资本品和消费品）阶段。不同的产品内生产分工阶段具有不同的价值链属性，对应不同的分工位置，体现着差异化的生产分工状况。因此，根据东亚各经济体在产品内分工各生产阶段的出口和进口贸易情况，可以初步分析东亚生产网络内各主要经济体的分工状况及其变化特征。表3.1和表3.2分别整理了东亚主要经济体在产品内分工各生产阶段的出口和进口贸易情况。①

根据表3.1的统计数据，20世纪90年代中期以来，日本的出口贸易主要集中于中间品生产阶段，出口比例一直保持在50%以上，其中零部件和半成品生产阶段的出口贸易比例始终保持在20%~35%的水平。此外，从各生产阶段出口贸易比例的变化趋势来看，零部件的出口贸易占比有所下降，半成品生产阶段的出口贸易占比表现出上升的趋势，而初级产品和消费品阶段的出口贸易占比则变化不大，尤其是初级产品出口，占比在1%左右。

与日本类似，韩国的出口优势阶段同样主要集中于中间品生产阶段。1996—2018年，韩国的出口占比均保持在60%左右的水平，零部件和半成品生产阶段的出口贸易比例均较高。1996年，韩国出口半成品的占比最高，为33.1%，出口额为413.29亿美元；2018年，韩国的半成品出口贸易在所有生产阶段出口贸易中占比达到48.6%，出口额为2712.35亿美元，是1996年出口额的6倍多。韩国的消费品生产阶段出口占比表现出下降的趋势，而初级产品的出口占比极低，长期以来，比例一直不足1%。新加坡与日本和韩国的相似之处在于，中间品生产阶段的出口贸易占比非常高，从1996年的55.8%增至2018年的69.6%，尤其是零部件出口，一直占比较高；2013年，零部件出口额为1523.66亿美元，占比为49.5%。新加坡的资本品出口贸易占比下降，初级产品的占比仍然最低，在1%左右。

① 在联合国经济大类（BEC）分类标准下，初级产品涵盖111、21、31类产品，中间品项下零部件涵盖42和53类产品，半成品包括121、22和322类产品，制成品则分为资本品（41、521）和消费品（112、122、51、522、61、62、63）。

表3.1 东亚主要经济体在产品内分工各阶段的出口贸易情况

单位：亿美元

出口国	年份	初级产品	中间品			制成品		
			零部件	半成品	合计	资本品	消费品	合计
日本	1996	10.37 (0.2%)	1445.30 (**33.4%**)	878.64 (20.3%)	2323.94 (53.7%)	1318.83 (30.4%)	680.38 (15.7%)	1999.21 (46.1%)
	2013	93.06 (1.4%)	2014.04 (**30.3%**)	1853.71 (27.9%)	3867.75 (58.2%)	1446.59 (21.8%)	1235.68 (18.6%)	2682.27 (40.4%)
	2018	83.64 (1.2%)	1679.44 (24.6%)	2019.75 (**29.6%**)	3699.18 (54.3%)	1705.86 (25.0%)	1327.97 (19.5%)	3033.83 (44.5%)
韩国	1996	6.05 (0.5%)	329.90 (26.4%)	413.29 (**33.1%**)	743.19 (59.5%)	231.61 (18.5%)	269.24 (21.5%)	500.85 (40.0%)
	2013	23.71 (0.5%)	1572.68 (**31.0%**)	1492.61 (29.4%)	3065.29 (60.4%)	1314.70 (25.9%)	674.55 (13.3%)	1989.25 (39.2%)
	2018	23.91 (0.4%)	1161.90 (20.8%)	2712.35 (**48.6%**)	3874.25 (69.4%)	1038.51 (18.6%)	643.88 (11.5%)	1682.39 (30.1%)
新加坡	1996	17.73 (1.5%)	402.35 (**34.8%**)	243.33 (21.0%)	645.68 (55.8%)	346.71 (30.0%)	146.07 (12.6%)	492.78 (42.6%)
	2013	26.32 (0.9%)	1523.66 (**49.5%**)	697.86 (22.7%)	2221.52 (72.2%)	464.60 (15.1%)	364.50 (11.8%)	829.10 (26.9%)
	2018	29.94 (0.9%)	713.53 (21.4%)	1603.01 (**48.2%**)	2316.54 (69.6%)	600.83 (18.1%)	381.35 (11.5%)	982.18 (29.5%)
中国	1996	77.40 (5.2%)	106.14 (7.2%)	408.42 (27.6%)	514.56 (34.8%)	177.03 (12.0%)	711.39 (**48.1%**)	888.42 (60.1%)
	2013	161.68 (0.7%)	4150.95 (19.0%)	4853.86 (22.2%)	9004.81 (41.2%)	6190.29 (28.4%)	6463.63 (**29.6%**)	12653.92 (58.0%)
	2018	164.93 (0.7%)	3937.32 (16.1%)	7012.84 (28.7%)	10950.16 (44.7%)	7228.39 (**29.5%**)	6128.48 (25.0%)	13356.87 (54.6%)
印度尼西亚	1996	110.16 (24.4%)	15.84 (3.5%)	191.29 (**42.3%**)	207.13 (45.8%)	20.61 (4.6%)	114.50 (25.3%)	135.11 (29.9%)
	2013	574.46 (32.0%)	113.53 (6.3%)	714.46 (**39.8%**)	827.99 (46.1%)	75.17 (4.2%)	317.64 (17.7%)	392.81 (21.9%)
	2018	460.81 (26.0%)	107.62 (6.1%)	755.52 (**42.7%**)	863.15 (48.8%)	70.48 (4.0%)	376.07 (21.2%)	446.55 (25.2%)

续表

出口国	年份	初级产品	中间品			制成品		
			零部件	半成品	合计	资本品	消费品	合计
马来西亚	1996	60.20 (8.3%)	234.18 (**32.1%**)	186.21 (25.6%)	420.39 (57.7%)	115.52 (15.9%)	132.31 (18.2%)	247.83 (34.1%)
	2013	165.53 (8.0%)	592.72 (28.5%)	790.11 (**38.0%**)	1382.83 (66.5%)	262.89 (12.7%)	265.44 (12.8%)	528.33 (25.5%)
	2018	149.96 (6.5%)	369.04 (16.1%)	1169.96 (**50.9%**)	1539.00 (67.0%)	350.89 (15.3%)	258.29 (11.2%)	609.18 (26.5%)
菲律宾	1996	5.33 (2.6%)	93.50 (**45.5%**)	31.02 (15.1%)	124.52 (60.6%)	21.50 (10.5%)	54.03 (26.3%)	75.53 (36.8%)
	2013	42.86 (7.7%)	232.10 (**41.6%**)	119.78 (21.5%)	351.88 (63.1%)	91.18 (16.3%)	72.22 (12.9%)	163.40 (29.2%)
	2018	27.48 (4.1%)	336.95 (**50.3%**)	98.77 (14.7%)	435.72 (65.0%)	130.46 (19.5%)	76.31 (11.4%)	206.77 (30.9%)
泰国	1996	32.26 (5.8%)	99.87 (17.9%)	105.88 (19.0%)	205.75 (36.9%)	69.59 (12.5%)	251.08 (**44.9%**)	320.67 (57.4%)
	2013	123.80 (5.7%)	428.63 (19.7%)	595.48 (27.4%)	1024.11 (47.1%)	416.66 (19.2%)	605.81 (**27.9%**)	1022.47 (47.1%)
	2018	87.37 (3.6%)	438.06 (18.0%)	746.07 (**30.7%**)	1184.13 (48.8%)	483.50 (19.9%)	672.83 (27.7%)	1156.33 (47.6%)
越南	1997	18.99 (23.2%)	0.20 (0.2%)	7.76 (9.5%)	7.96 (9.7%)	0.15 (0.2%)	54.76 (**66.9%**)	54.91 (67.1%)
	2013	153.71 (11.8%)	113.83 (8.7%)	206.45 (15.9%)	320.28 (24.6%)	305.69 (23.5%)	522.78 (**40.1%**)	828.47 (63.6%)
	2018	93.65 (4.0%)	369.17 (15.7%)	482.22 (20.5%)	851.39 (36.1%)	585.11 (24.8%)	825.42 (**35.0%**)	1410.53 (59.9%)

数据来源：根据 UN Comtrade 数据库 BEC 分类下的数据整理计算得出。

注：表中数值括号外为贸易额，括号内为该国在产品内各生产阶段的贸易占比，其中最高比例加粗标注。由于数据的缺失，这里以越南 1997 年的数据代替 1996 年的数据。

中国在中间品生产阶段的出口比例远不如日本、韩国和新加坡，出口占比仅为 30%～45%，而制成品的出口贸易占比则长期高达 60%左右。从变化趋势来看，出口贸易比例最高的消费品生产阶段，出口占比呈现下降的趋势，初级产品的出口占比也有所降低，而资本品和中间品出口则表现出强劲增长的势头。印度尼西亚、马来西亚和菲律宾的相似之处在于，中间品生产阶段的出口贸易占比均较高，为45%~70%；不同之处在于，印度尼西亚的半成品生产阶段出口占比相对更高，菲律宾的零部件在各生产阶段的出口占比相对较高，而马来西亚在零部件和半成品两个生产阶段的占比均较高。虽然这三国在中间品阶段具有最高的出口贸易占比，但贸易额与日本、韩国、新加坡相差甚多。例如，2018年马来西亚和菲律宾零部件出口贸易额分别为1539亿美元和435.72亿美元，日本的零部件出口额则为3699.18亿美元，分别是马来西亚和菲律宾的2.4倍和8.5倍。值得注意的是，在东亚各主要经济体中，印度尼西亚初级产品的出口绝对值和相对值水平均最高，无疑是东亚初级产品主要出口国。泰国和越南则与中国相似，长期在消费品出口上占有较高比例，但比重随时间大幅度下降。就各生产阶段的变化趋势来看，越南在初级产品阶段的出口贸易占比有所下降，两国在中间品和资本品生产阶段的出口均表现出上升的趋势，其中越南在资本品生产阶段的增长势头最为迅猛。

进一步观察表3.2中东亚各主要经济体在产品内分工各生产阶段的进口贸易情况可知，日本主要进口的产品由消费品变为初级产品，而日本2018年半成品进口占比最高，同时零部件和资本品的进口比例低至约11%。韩国和新加坡最主要进口的产品集中于中间品生产阶段，占比高达60%左右，2018年韩国和新加坡半成品生产阶段的进口比例在所有生产阶段均为最高。

与韩国和新加坡相似，中国、印度尼西亚、马来西亚等东盟各国在中间品生产阶段的进口比例最高。印度尼西亚、泰国和越南长期在半成品生产阶段的进口比例较高，马来西亚和菲律宾进口的产品则主要集中于零部件生产阶段。此外，观察各国在产品内各生产阶段的进口变化趋势，较为明显的是：中国的资本品进口比例显著下降，初级产品的进口比例则大幅上升；越南的资本品进口比例上升，而消费品进口比例下降。

表 3.2　东亚主要经济体在产品内分工各阶段的进口贸易情况

单位：亿美元

进口国	年份	初级产品	中间品			制成品		
			零部件	半成品	合计	资本品	消费品	合计
日本	1996	692.79 (20.9%)	338.32 (10.2%)	924.65 (27.9%)	1262.97 (38.1%)	347.18 (10.5%)	1014.60 (**30.6%**)	1361.78 (41.1%)
	2013	2304.28 (**29.0%**)	889.55 (11.2%)	2131.76 (26.8%)	3021.31 (38.0%)	898.63 (11.3%)	1731.35 (21.8%)	2629.98 (33.1%)
	2018	1539.34 (21.5%)	799.33 (11.2%)	2150.67 (**30.1%**)	2950.00 (41.3%)	1035.20 (14.5%)	1620.69 (22.7%)	2655.89 (37.2%)
韩国	1996	239.61 (17.8%)	251.61 (18.7%)	481.46 (**35.7%**)	733.07 (54.4%)	290.73 (21.6%)	84.26 (6.3%)	374.99 (27.9%)
	2013	1495.88 (**30.8%**)	823.69 (16.9%)	1513.05 (31.1%)	2336.74 (48.0%)	563.95 (11.6%)	467.77 (9.6%)	1031.72 (21.2%)
	2018	1298.00 (25.4%)	582.79 (11.4%)	1785.93 (**34.9%**)	2368.72 (46.3%)	771.41 (15.1%)	678.40 (13.3%)	1449.81 (28.3%)
新加坡	1996	81.65 (6.6%)	458.98 (**37.2%**)	265.90 (21.6%)	724.88 (58.8%)	254.64 (20.7%)	171.67 (13.9%)	426.31 (34.6%)
	2013	444.74 (15.2%)	1196.10 (**41.0%**)	518.60 (17.8%)	1714.70 (58.8%)	400.97 (13.7%)	358.12 (12.3%)	759.09 (26.0%)
	2018	354.81 (11.4%)	677.21 (21.7%)	1249.72 (**40.0%**)	1926.94 (61.7%)	485.62 (15.5%)	355.68 (11.4%)	841.30 (26.9%)
中国	1996	127.99 (9.8%)	188.93 (14.5%)	576.06 (**44.2%**)	764.99 (58.7%)	337.51 (25.9%)	73.81 (5.7%)	411.32 (31.6%)
	2013	5333.42 (**29.4%**)	4752.27 (26.2%)	4099.25 (22.6%)	8851.52 (48.8%)	2567.77 (14.2%)	1376.06 (7.6%)	3943.83 (21.8%)
	2018	5133.33 (24.7%)	2666.24 (12.8%)	8332.68 (**40.1%**)	10998.92 (52.9%)	2902.72 (14.0%)	1757.62 (8.5%)	4660.34 (22.4%)
印度尼西亚	1996	50.01 (12.4%)	78.85 (19.5%)	168.32 (**41.6%**)	247.17 (61.1%)	86.77 (21.5%)	20.46 (5.1%)	107.23 (26.6%)
	2013	245.19 (15.6%)	262.22 (16.7%)	647.12 (**41.2%**)	909.34 (57.9%)	285.30 (18.2%)	129.11 (8.2%)	414.41 (26.4%)
	2018	218.56 (12.8%)	283.39 (16.6%)	741.32 (**43.5%**)	1024.71 (60.2%)	297.07 (17.5%)	161.90 (9.5%)	458.97 (27.0%)

续表

进口国	年份	初级产品	中间品			制成品		
			零部件	半成品	合计	资本品	消费品	合计
马来西亚	1996	25.92 (3.5%)	278.61 (**37.3%**)	208.34 (27.9%)	486.95 (65.2%)	171.91 (23.0%)	62.96 (8.4%)	234.87 (31.4%)
	2013	186.15 (10.2%)	565.56 (**30.9%**)	561.98 (30.7%)	1127.54 (61.6%)	316.70 (17.3%)	197.20 (10.8%)	513.90 (28.1%)
	2018	184.70 (9.4%)	388.30 (19.8%)	861.77 (**44.0%**)	1250.07 (63.8%)	310.57 (15.9%)	213.69 (10.9%)	524.26 (26.8%)
菲律宾	1996	44.88 (12.9%)	113.18 (**32.6%**)	98.13 (28.3%)	211.31 (60.9%)	57.72 (16.6%)	32.92 (9.5%)	90.64 (26.1%)
	2013	103.81 (17.2%)	183.69 (**30.4%**)	154.07 (25.5%)	337.76 (55.9%)	77.90 (12.9%)	84.15 (13.9%)	162.05 (26.8%)
	2018	111.09 (10.2%)	321.73 (**29.6%**)	301.09 (27.7%)	622.82 (57.2%)	161.09 (14.8%)	193.22 (17.8%)	354.32 (32.6%)
泰国	1996	58.02 (8.3%)	181.92 (26.1%)	250.55 (**35.9%**)	432.47 (62.0%)	145.98 (20.9%)	61.21 (8.8%)	207.19 (29.7%)
	2013	490.82 (19.9%)	469.72 (19.0%)	876.62 (**35.5%**)	1346.34 (54.5%)	413.73 (16.8%)	216.44 (8.8%)	630.17 (25.6%)
	2018	381.30 (15.7%)	425.05 (17.5%)	980.93 (**40.4%**)	1405.99 (58.0%)	398.19 (16.4%)	240.36 (9.9%)	638.55 (26.3%)
越南	1997	3.42 (4.1%)	1.19 (1.4%)	54.96 (**65.5%**)	56.15 (66.9%)	2.11 (2.5%)	22.21 (26.5%)	24.32 (29.0%)
	2013	83.98 (6.8%)	311.72 (25.1%)	556.13 (**44.9%**)	867.85 (70.0%)	169.78 (13.7%)	118.19 (9.5%)	287.97 (23.2%)
	2018	186.02 (8.3%)	422.56 (18.8%)	1117.58 (**49.7%**)	1540.13 (68.5%)	312.37 (13.9%)	210.03 (9.3%)	522.40 (23.2%)

数据来源：根据 UN Comtrade 数据库 BEC 分类下的数据整理计算得出。

注：表中数值括号外为贸易额，括号内为该国在产品内各生产阶段的贸易占比，其中最高比例加粗标注。由于数据的缺失，这里以越南 1997 年的数据代替 1996 年的数据。

综合东亚主要经济体在产品内分工各阶段的进出口贸易情况，最主要的统计特征表现为：东亚经济体基本在中间品生产阶段均具有较高的进出口比例，虽然在零部件和半成品生产阶段上的表现不一致，但整体而言，东亚区域体现出高度的生产分工协作。大规模、全方位的生产分工协作促进了东亚整体的经济发展，但经济体之间的差异是显著存在的。从具体的进出口贸易额来看，同样是出口高比例的中间产品，日本、韩国和新加坡的贸易额远高于印度尼西亚、马来西亚和菲律宾等国家。通常产品出口价格能在一定程度上反映产品价值，因此可以大致推测日本、韩国、新加坡出口的中间产品相对具有较高的技术复杂度和贸易附加值。

二、东亚区域内贸易市场分布

前文对东亚主要经济体在产品内分工各阶段的进出口贸易情况进行了统计分析，这里进一步对各生产阶段东亚区域内的贸易市场分布情况进行统计分析。对产品内分工各生产阶段东亚区域内的贸易市场分布进行分析具有两方面意义：一方面，针对部分处于不同经济发展水平的经济体在同一生产阶段具有较高进出口比例的困惑，通过对产品内分工各生产阶段进行市场分布分析，探究各生产阶段产品的贸易流向，尤其是同样具有高进出口比例的生产阶段的贸易流向，有助于克服笼统地进行贸易进出口额分析的弊端；另一方面，分析经济体在产品内分工各阶段的进出口贸易情况和区域内的贸易流向，有助于勾勒东亚生产网络，在一定程度上梳理东亚生产网络下各经济体的分工状况。这里，对2018年东亚区域内初级产品、零部件、半成品、资本品和消费品分别进行贸易市场分布的分析（见表3.3至表3.7），并以此为基础初步勾勒东亚生产网络。

表3.3显示，2018年东亚区域初级产品的出口目的国市场主要集中在中国和日本，其他国家的市场份额相对较少，尤其是菲律宾、越南和泰国，在初级产品阶段的出口表现显著超过进口。也就是说，在初级产品生产阶段的进口方面，中国的进口贸易额最高，日本次之。此外，如前文进出口贸易分析所述，印度尼西亚在初级产品生产阶段的出口表现突出。表3.3也显示，印度尼西亚的初级产品出口额是区域内最高的，远远高于其他国家。印度尼西亚的初级产品主要出口到区域内的日本和中国。2018年，印度尼西亚对日本和中国的初级产品出口额分别达到68.44亿美元和87.81亿美元，成为东亚生产网络内初级产品的最大出口国。

表 3.3　2018 年东亚区域初级产品贸易市场分布　　单位：亿美元

出口国	进口国								
	日本	韩国	新加坡	中国	印度尼西亚	马来西亚	菲律宾	泰国	越南
日本		**20.59**	2.20	**25.67**	0.89	2.10	0.33	2.32	6.80
韩国	**5.37**		0.78	**6.44**	0.49	0.47	0.59	1.40	1.00
新加坡	1.25	0.67		**2.97**	1.53	**1.59**	0.21	0.66	0.54
中国	**30.92**	**17.52**	1.71		4.19	2.58	1.77	4.36	9.04
印度尼西亚	**68.44**	38.56	39.87	**87.81**		28.21	19.49	20.29	6.48
马来西亚	6.17	2.79	22.72	**18.89**	7.95		2.69	16.82	2.10
菲律宾	**4.67**	1.63	1.77	**8.50**	0.74	0.82		1.18	0.32
泰国	8.72	5.90	1.59	**27.89**	1.07	**10.74**	1.12		1.48
越南	**10.78**	9.19	2.24	**20.66**	1.85	2.26	1.18	5.23	

数据来源：根据 UN Comtrade 数据库 BEC 分类下的数据整理计算得出。

注：表中加粗数据表示该国对区域内前两大目的国的出口贸易额。

表 3.4　2018 年东亚区域零部件贸易市场分布　　单位：亿美元

出口国	进口国								
	日本	韩国	新加坡	中国	印度尼西亚	马来西亚	菲律宾	泰国	越南
日本		78.92	31.31	**357.79**	57.54	40.62	29.28	**108.83**	36.96
韩国	**533.33**		11.77	**280.90**	8.19	9.92	8.24	10.80	150.51
新加坡	38.51	20.12		68.56	**70.52**	**72.26**	18.44	43.26	15.00
中国	**240.80**	**175.46**	73.83		63.66	58.32	28.60	79.70	151.70
印度尼西亚	**18.88**	1.78	**12.60**	3.25		9.02	5.25	11.10	3.91
马来西亚	17.60	10.85	**62.42**	**39.73**	5.97		4.93	28.08	6.37
菲律宾	**34.84**	9.76	**33.69**	33.48	3.38	11.97		16.85	4.38
泰国	**49.89**	5.45	17.78	**46.62**	25.08	30.41	11.97		15.42
越南	39.43	**50.80**	3.52	**115.19**	5.76	4.39	2.64	8.21	

数据来源：根据 UN Comtrade 数据库 BEC 分类下的数据整理计算得出。

注：表中加粗数据表示该国对区域内前两大目的国的出口贸易额。

零部件生产阶段的区域内贸易市场分布见表 3.4。从表中统计的贸易绝对值数额来看，东亚主要经济体普遍具有较高的零部件进、出口贸易额：中国在东亚区域内的零部件进口额最高，进口来源国主要是日本、韩国和越南。就区域内零部件生产阶段出口的相对市场份额而言，日本、韩国和新加坡的零部件主要出口到中国、马来西亚、泰国和越南，这些国家的普遍经济特征是具有较为廉价的劳动力，成本比较优势明显。中国和东盟诸国则主要将零部件出口至日本、新加坡等较为发达的经济体。这在一定程度上解释了处于不同经济发展水平的经济体在同一生产阶段具有较高进、出口比例的困惑。另外，这种双向的零部件贸易流动特征也增强了后续进一步就零部件的特性进行具体分析的必要性。

2018 年东亚区域内半成品贸易的市场分布情况见表 3.5。与零部件生产阶段相似，区域内半成品贸易相对于其他生产阶段而言，贸易额处于较高水平。具体分析区域内半成品生产阶段的市场分布可知，中国和日本是东亚区域内半成品的主要出口目的市场，韩国、新加坡、印度尼西亚等国家所占的份额较低。与此同时，我们也发现，半成品生产阶段的出口，中国和日本同样是区域内最重要的两大出口国，出口贸易的绝对金额远远高于区域内其他经济体。也就是说，在半成品生产阶段，中国和日本既进行了大量的区域内进口贸易，也实现了区域内高额的出口贸易，作为中间生产环节的重要参与者，它们对连通东亚生产网络具有重要作用。

从表 3.6 中东亚区域资本品的市场分布情况可以看出，中国、日本、韩国在东亚区域的资本品出口贸易额比东盟国家明显偏高，有的甚至高出 100 倍之多。可以说，在资本品生产阶段的出口规模方面，东盟诸国与中国、日本及韩国差距较大。而从东亚各主要经济体的资本品出口目的国市场分布来看，中国已成为东亚区域资本品出口的最大目的国，承接区域内大量资本品的输入。

表 3.5　2018 年东亚区域半成品贸易市场分布　　单位：亿美元

出口国	进口国								
	日本	韩国	新加坡	中国	印度尼西亚	马来西亚	菲律宾	泰国	越南
日本		**228.72**	66.97	**498.32**	53.81	53.05	34.42	132.26	73.79
韩国	129.78		37.50	**929.36**	47.49	45.95	75.67	49.20	**224.13**
新加坡	64.55	67.34		**284.18**	88.17	**162.71**	27.60	57.63	47.27
中国	331.97	**442.21**	129.05		188.69	201.23	142.35	162.39	**398.13**
印度尼西亚	**71.16**	41.96	42.93	**152.82**		41.33	13.78	19.70	19.90
马来西亚	107.95	49.72	**133.76**	**224.24**	35.99		21.05	50.80	37.61
菲律宾	**25.25**	3.08	0.79	**13.33**	2.57	2.04		5.10	1.61
泰国	**66.34**	18.11	23.53	**143.06**	45.71	33.93	20.66		47.42
越南	**36.13**	29.52	8.61	**138.24**	16.46	16.21	12.39	13.43	

数据来源：作者根据 UN Comtrade 数据库 BEC 分类下的数据整理计算得出。

注：表中加粗数据表示该国对区域内前两大目的国的出口贸易额。

表 3.6　2018 年东亚区域资本品贸易市场分布　　单位：亿美元

出口国	进口国								
	日本	韩国	新加坡	中国	印度尼西亚	马来西亚	菲律宾	泰国	越南
日本		**126.31**	52.34	**357.89**	33.46	19.98	30.88	50.33	29.03
韩国	31.17		23.93	**269.07**	10.26	13.74	9.33	8.54	**67.88**
新加坡	50.74	34.63		**72.50**	42.93	**51.04**	16.72	23.93	17.84
中国	**375.94**	**251.69**	137.48		111.76	96.94	61.78	103.77	123.89
印度尼西亚	**7.22**	2.00	**13.52**	2.60		3.11	2.25	4.37	1.69
马来西亚	19.21	8.43	**43.14**	**32.33**	7.94		3.74	27.43	5.94
菲律宾	**15.31**	5.56	3.24	**22.39**	1.30	2.53		2.28	2.12
泰国	**45.24**	6.14	15.59	**32.37**	13.44	20.34	11.68		13.94
越南	17.04	**31.73**	8.83	**48.97**	2.77	8.95	6.21	15.65	

数据来源：作者根据 UN Comtrade 数据库 BEC 分类下的数据整理计算得出。

注：表中加粗数据表示该国对区域内前两大目的国的出口贸易额。

表 3.7　2018 年东亚区域消费品贸易市场分布　单位：亿美元

出口国	进口国								
	日本	韩国	新加坡	中国	印度尼西亚	马来西亚	菲律宾	泰国	越南
日本		**28.78**	16.06	**122.94**	6.85	11.77	5.80	11.15	10.11
韩国	**34.83**		5.31	**55.07**	4.95	3.64	5.26	6.38	23.00
新加坡	**32.39**	26.16		**30.71**	20.06	27.22	8.16	18.79	17.82
中国	**474.61**	**176.44**	61.49		58.86	86.53	90.25	73.71	141.79
印度尼西亚	**25.92**	9.12	19.06	20.48		12.27	**27.43**	12.47	12.88
马来西亚	**17.40**	4.43	**34.39**	12.57	8.20		5.85	12.84	10.65
菲律宾	**14.66**	4.80	0.94	**8.11**	0.67	1.35		1.66	1.00
泰国	**75.10**	10.94	12.52	**45.86**	14.93	15.24	32.35		39.77
越南	**78.27**	55.30	5.99	**83.18**	8.22	7.95	11.98	9.47	

数据来源：根据 UN Comtrade 数据库 BEC 分类下的数据整理计算得出。

注：表中加粗数据表示该国对区域内前两大目的国的出口贸易额。

表 3.7 中，东亚区域消费品的贸易市场分布特征较为明显：对比东亚各出口国的消费品出口额，中国的消费品出口贸易额遥遥领先于东亚其他经济体；而从出口目的市场来看，日本是东亚区域内消费品出口的最大目的国，韩国和新加坡也具有相对较高的市场份额。2018 年，中国出口至日本的消费品贸易额高达 474.61 亿美元，远远超过其他东亚国家出口至日本的消费品贸易额之和。除此之外，在东盟后进的发展中国家中，泰国和越南对区域内的消费品出口额普遍高于菲律宾和马来西亚等国，相对而言，在消费品生产阶段更具有出口优势。

三、东亚生产网络勾勒

根据前文对产品内分工各生产阶段东亚主要经济体的进出口贸易及区域内市场分布情况的统计和分析，并借鉴庄云蓓等（2017）构建的竞合网络思想，我们大致勾勒出东亚生产网络图谱，如图 3.2 所示。东亚整体生产分工网络图谱既体现了生产网络的分工流程，又体现了东亚经济体参与生产分工的状况。

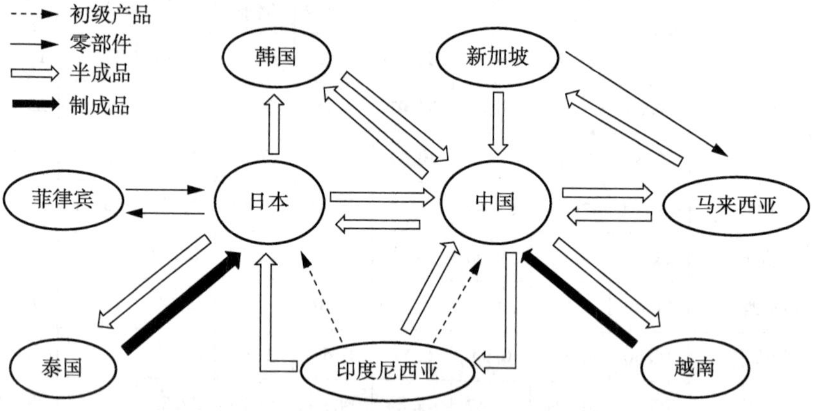

图 3.2　2018 年东亚区域生产分工网络图谱

从图 3.2 中可以看出，经济体若在某一生产分工阶段的出口比例较高，那么它主要出口到了区域内的哪个国家，以及经济体若在某一生产分工阶段的进口比例较高，那么它主要是从区域内的哪个国家进口。在区域深度分工协作的背景下，产品的生产环节紧密相连，东亚区域各经济体形成了错综复杂的生产分工网络；日本和中国两大经济体处于复杂生产网络的枢纽位置，其他东亚国家在以日本和中国为中心的生产网络的外围位置。具体而言，中间品迅猛发展，产品生产流程相互交织，东亚生产网络错综复杂，传统的梯度有序的生产分工特征渐渐模糊。可以探得的新特征，是日本和中国作为东亚区域中间产品的重要中转站，已成为东亚生产网络的桥梁式枢纽国家。外围国家的网络支撑作用也是不可或缺的。印度尼西亚主要提供东亚生产网络的初级产品；泰国、印度尼西亚和越南主要进口半成品、出口制成品，并承担半成品的组装制造；韩国、新加坡、菲律宾、马来西亚在外围位置进行中间品的进出口贸易，最终的制成品主要流向日本和中国。整体勾勒东亚生产网络具有一定的概括性意义，但详细分析东亚生产网络仍需对典型行业进行深入而细致的研究。鉴于此，我们进一步以机械工业为例对东亚生产网络进行研究。

第三节　东亚机械工业的生产分工

不同行业在分工程度、价值链属性及要素密集度等方面存在显著差异，这在一定程度上对不同经济体的分工状态产生了异质性的影响。虽然从整体意义上分析东亚生产网络具有一定的指示性意义，但并不能细致地刻画出生产网络的特征。鉴于此，本节进一步以机械工业为例，对东亚生产网络进行细致的刻画和分析。

一、东亚机械工业贸易的重要性

东亚区域内的进出口贸易品主要集中在纺织、服装及家具等传统贸易行业，随着生产分工合作的深化和持续发展，东亚生产网络内的主要贸易产品已经转移至资本和技术含量较高的机械工业（Kimura 和 Obashi，2010）。截至 2013 年，机械工业产品的进出口贸易已经是东亚贸易中最为重要的组成部分（约为总量的 70%），而零部件占到 50%左右，见表 3.8。机电工业贸易的发展在东亚生产网络中具有主导性作用，机械工业中的机电产品、电子通信设备及办公用品在东亚主要经济体的出口中增长最为迅速。机械工业的蓬勃发展对东亚生产网络具有重大意义。Ando 和 Kimura（2005）利用日本海外子公司的贸易相关数据，系统地描述了东亚机械工业生产体系，并指出与世界其他地区相比，东亚机械工业生产体系更为发达。

以机械工业作为东亚生产网络研究的典型行业，不仅因为其对东亚发展的重要性，还考虑到机械工业的产品内分工特性。在产品生产过程被精细分割的情况下，产品的生产过程涵盖许多环节，对应着价值链上

表 3.8　东亚主要经济体机械工业贸易的重要性

主要经济体			贸易总额（亿元）	贸易份额（%）	零部件贸易总额（亿元）	零部件贸易份额（%）
日本	出口	1996	3078.0	74.9	1455.9	47.3
		2003	3440.7	72.9	1661.9	48.3
		2013	4543.4	63.5	2358.0	51.9
	进口	1996	981.2	28.1	422.9	43.1
		2003	1228.8	32.0	616.9	50.2
		2013	2160.5	25.9	1153.7	53.4
中国	出口	1996	401.8	26.6	150.3	37.4
		2003	2010.3	45.9	850.4	42.3
		2013	11260.5	51.0	5675.3	50.4
	进口	1996	590.0	42.5	267.3	45.3
		2003	2190.9	53.1	1391.2	63.5
		2013	8220.3	42.2	4406.1	53.6
菲律宾	出口	1996	120.6	58.7	95.4	79.1
		2003	279.7	77.2	220.1	78.7
		2013	337.7	59.6	250.2	74.1
	进口	1996	186.7	53.8	124.0	66.4
		2003	269.1	63.2	215.8	80.2
		2013	289.5	44.1	217.1	75.0
韩国	出口	1996	703.0	54.2	312.8	44.5
		2003	1249.6	64.5	608.6	48.7
		2013	2418.2	61.1	1873.2	54.8
	进口	1996	614.8	40.9	311.1	50.6
		2003	714.1	39.9	457.0	64.0
		2013	1532.0	29.7	969.8	63.3
印度尼西亚	出口	1996	53.3	10.7	22.3	41.8
		2003	102.8	16.8	52.6	51.2
		2013	233.7	12.8	128.8	55.1
	进口	1996	181.1	42.2	93.1	51.4
		2003	88.8	27.3	48.5	54.6
		2013	591.3	31.7	287.4	48.6

续表

主要经济体			贸易总额（亿元）	贸易份额（%）	零部件贸易总额（亿元）	零部件贸易份额（%）
泰国	出口	1996	224.4	40.3	121.2	54.0
		2003	369.1	46.0	231.8	62.8
		2013	1004.8	44.0	620.0	61.7
	进口	1996	364.5	50.4	219.1	60.1
		2003	350.5	46.2	253.1	72.2
		2013	944.8	37.7	636.8	67.4
新加坡	出口	1996	865.10	70.4	452.4	52.3
		2003	1052.7	65.8	670.6	63.7
		2013	2105.8	51.3	1356.1	64.4
	进口	1996	827.43	63.0	513.0	62.0
		2003	856.3	62.8	602.8	70.4
		2013	1689.7	45.3	1116.9	66.1
马来西亚	出口	1996	448.70	57.3	264.3	58.9
		2003	625.2	59.7	406.4	65.0
		2013	948.5	41.5	649.7	68.5
	进口	1996	488.44	62.7	330.7	67.7
		2003	533.5	64.7	424.1	79.5
		2013	936.8	45.5	648.3	69.2
越南	出口	1996	—	—	—	—
		2003	18.7	9.3	10.0	53.7
		2013	455.1	34.5	301.7	66.3
	进口	1996	—	—	—	—
		2003	83.4	33.0	48.7	58.4
		2013	518.9	39.3	358.6	69.1

数据来源：根据 UN Comtrade 数据库 HS92 分类下的数据整理计算得出。

不同的价值属性，中间品的生产环节较为复杂，其中零部件贸易是东亚生产网络的核心，生产活动在空间上的深度分割使零部件贸易在不同国家之间的流动性大幅度增强。以往考虑产品内分工阶段的研究文献多数基于零部件贸易和最终产品贸易展开研究，得到了具有一定意义的结论。但是，中间品和最终品内部同样具有异质性的产品特征。通常而言，简单零部件贸易的附加值比较低，复杂零部件的贸易附加值相对较高，而精密零部件则体现了较高的技术水平和大量的研发投入，具有较高的附加值，资本品与消费品的差异性也较为显著。因此，按照零部件和最终品大类进行研究缺乏严谨性和说服力，无法体现真实的生产分工状况。

鉴于上述分析，本节以机械工业为例，尝试通过拓展产品内生产分工阶段，对东亚经济体的生产分工特征展开尽可能细致、详尽的研究。具体而言，机械工业产品主要包括通用机电（HS84）、电子机电（HS85）、运输设备（HS86-89）和精密机电（HS90-92）。我们在 HS92 六分位编码下对中间品和制成品进行分组，制成品分为资本品和消费品，中间品覆盖零部件和半成品，对具有复杂特征的零部件产品按照产品复杂度做进一步划分，后文将对此做出详细阐述。

二、机械产品生产阶段划分

HS 六分位编码下，机械工业涵盖 HS84—HS92 的 1000 多种产品，其中 HS84 为通用机电，HS85 为电子机电，HS86—HS89 为运输设备，HS90—HS92 为精密机电。若对每种产品依次进行生产分工布局的统计与分析，不仅统计工作烦琐冗杂，而且统计与分析的意义和必要性也相对微弱。因此，根据产品内分工的生产阶段将 1000 多种产品进行归类，既是统计与分析顺利进行的基础，也是能否准确刻画生产分工状况和格局变化的关键。基于前人有关零部件贸易和最终产品贸易的研究，我们尝试基于产品技术复杂度特征的差异对零部件产品做进一步划分。部分学者在有关价值链分工领域的研究中指出，参与全球生产分工与贸易的发展中国家或地区的专业化生产，沿着由简单零部件、复杂零部件到精密零部件的生产分工阶段转变。由此可见，在不同性质的零部件生产阶段进行专业化生产的经济体，其生产状态不可一概而论。鉴于此，本章最终将产品内生产分工阶段划分为零部件（包括简单零部件、复杂零部件和精密零部件）、半成品、资本品和消费品四个阶段进行研究，这样不仅能够分析各经济体在各生产阶段的生产分工状况，还有利于把握各经济体在全球价值链上的分工位置，具有相当重要的研究价值。

对零部件生产阶段的划分，首先需要计算产品的技术复杂度。根据李嘉图的比较优势理论，在开放经济条件下，各国生产自身具有相对比较优势的产品。一般而言，人均收入水平较高的发达国家生产和出口具有技术优势的复杂产品，人均收入水平较低的发展中国家则主要生产和出口具有劳动力成本优势的复杂度低的产品。因此，可以说一种产品的复杂度水平与大量生产和出口该产品的国家的平均收入水平具有显著的关联性，从而也就不难理解 Michaely（1984）、关志雄（2002）以及 Lall（2006）等以产品的国际出口贸易份额为权重，将其与各国人均 GDP 相乘构建产品技术复杂度指标了。本书同样基于李嘉图的比较优势理论，但以产品的国际生产份额为权重，产品的技术复杂度指标可以按照以下方式定义：

$$SL_i = \sum_{j=1}^{n} Ps_{ij} \cdot y_j \tag{3.1}$$

其中，i 表示产品；j 表示国家；n 表示总国家数；SL_i 表示产品 i 的复杂度指标；Ps_{ij}表示 j 国 i 产品的国际生产份额；y_j 表示国家 j 的人均 GDP。

在产品复杂度指标的计算中，采用产品的国际生产份额，而不是产品的国际出口贸易份额，这主要是考虑到部分发展中国家由于采取出口导向型的发展战略，其许多产品的出口份额甚至高于发达国家，从而容易导致产品复杂度指标计算结果出现较大偏误。因此，采用产品的国际生产份额比采用产品的国际出口贸易份额更合理。然而，产品的国际生产份额数据无法直接获取。我们基于产品的出口贸易份额和该国的出口贸易度近似测算该国产品的国际生产份额。与此同时，为了与本书商品贸易研究口径保持一致，摒弃不同国家经济结构差异的影响，我们借鉴郑昭阳和孟猛（2009）的做法，引入剔除了服务业的其他产业的产值在 GDP 中的占比，这样一国产品的国际生产份额就可以近似表示为

$$Ps'_{ij} = \frac{Es_{ij}}{Ed_j} \cdot Ns_j \tag{3.2}$$

其中，i 表示产品；j 表示国家；Ps'_{ij} 表示 j 国 i 产品的国际生产份额；Es_{ij} 表示 j 国 i 产品的国际出口贸易份额；Ed_j 表示 j 国的出口贸易度；Ns_j 表示 j 国服务业之外的产业生产值占 GDP 的比重。进一步对这一指标进行标准化处理，最终的产品国际生产份额指标为

$$Ps_{ij} = Ps'_{ij} / \sum_{j=1}^{n} Ps'_{ij} \tag{3.3}$$

将式（3.3）中标准化的产品近似国际生产份额代入式（3.1），便可以得到产品复杂度。值得注意的是，产品复杂度 SL_i 衡量的只是某一种产品的复杂度水平，鉴于本书在产品归类方面的需要，构建产品相对其他产品的复杂度指数更符合我们的研究目的。因此，参照杜修立和王维国（2007）的做法，产品的复杂度指数 SLI_i 构建如下：

$$SLI_i = (SL_i - SL_{min}) / (SL_{max} - SL_{min}) \tag{3.4}$$

其中，SLI_i 表示 i 产品相对其他产品的复杂度指数，其取值范围为 0~1；SL_{min} 和 SL_{max} 分别表示所有产品复杂度水平中的最小值和最大值。

构建和测算产品的复杂度指数 SLI_i，是将机械工业的零部件产品划分为简单零部件、复杂零部件和精密零部件的依据。然而，目前学术界对于简单零部件、复杂零部件和精密零部件尚没有科学而统一的划分标准。本节以产品复杂度指标为依据绘制了零部件产品的复杂度指数频率分布直方图（图 3.3）。在图 3.3 中，产品大致表现出三个区段的明显差异，大多数产品的复杂度集中在 0.225~0.425，低复杂

度区段和高复杂度区段的产品相对较少。因此，大致可以将零部件产品分为简单零部件、复杂零部件和精密零部件三种，以便后续进一步展开研究。

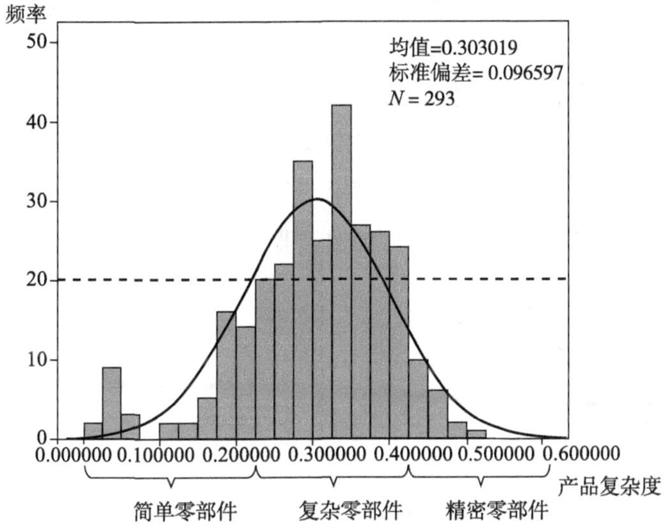

图 3.3　零部件产品的复杂度指数频率分布直方图

在前文计算分析的基础上，我们完成了对产品生产阶段的划分，具体的产品生产阶段分类统计见附表 1.1。后续对东亚机械工业生产体系的相关研究将按简单零部件、复杂零部件、精密零部件、半成品、资本品和消费品六个生产阶段展开。紧接着，要对产品内各生产阶段东亚经济体机械工业的生产状况进行统计分析，描绘东亚主要经济体在机械工业生产体系下的分工状况及特征。

三、东亚机械工业生产状况的聚类分析

对东亚各经济体机械工业生产状况的分析，就是在细分的产品内分工各生产阶段根据 RSCA 指数对经济体进行聚类分析。聚类分析选取的

样本是全球重要经济体①（包括东亚地区的重要经济体）。对全球重要经济体进行聚类分析的意义主要体现在两方面：一方面，考虑产品内生产分工阶段，依据 RSCA 指数对包括东亚重要经济体在内的国家（地区）进行聚类分析，可以得出不同生产阶段下具有相对比较优势的经济体群组和具有相对比较劣势的经济体群组（逻辑示意如图 3.4 所示）。东亚各经济体在各生产阶段的生产优势清晰可见，这有助于分析东亚机械工业生产体系下各经济体的分工状况。另一方面，确定各生产阶段的优势经济体群组，通过提取优势经济体群组的比较优势特征构建的国际生产分工的比较优势评判标准，可用于分析东亚经济体的分工状况与比较优势的匹配情况，评估其参与机械工业生产分工是否充分发挥了比较优势的作用。

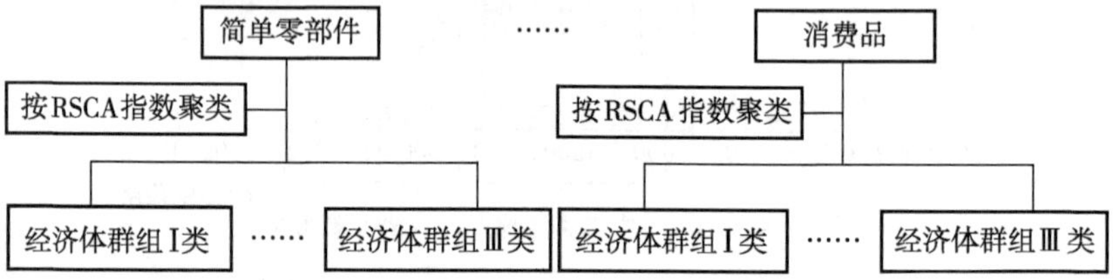

图 3.4　聚类分析逻辑示意

（一）显示性对称比较优势指数

Balassa（1965）的显示性比较优势指数（RCA）通过定量描述一个国家内各个产业或产品组的相对出口表现来衡量该国产品或产业在国际市场上的出口竞争力，从而揭示该国在国际生产分工和贸易中的状况。RCA 指数的计算公式为

① 在开放经济条件下，计算 2012—2014 年世界各国的进出口贸易总额，将排名前 50 的经济体作为本书的研究对象。按照这一标准界定的全球重要经济体包括：中国、美国、德国、日本、法国、英国、中国香港、荷兰、韩国、意大利、加拿大、比利时、俄罗斯、新加坡、印度、墨西哥、西班牙、沙特阿拉伯、澳大利亚、泰国、巴西、马来西亚、波兰、土耳其、印度尼西亚、奥地利、瑞典、挪威、捷克共和国、南非、越南、丹麦、匈牙利、芬兰、爱尔兰、斯洛伐克、卡塔尔、智利、阿根廷、科威特、乌克兰、阿尔及利亚、罗马尼亚、以色列、葡萄牙、哈萨克斯坦、哥伦比亚、瑞士、菲律宾、尼日利亚。

$$RCA_{ijt}=\frac{X_{ijt}/X_{jt}}{X_{iwt}/X_{wt}} \tag{3.5}$$

其中，i 表示产品；j 表示国家；t 表示时期；w 表示世界各国总量；RCA_{ijt}表示 t 时期 j 国在 i 产品上的显示性比较优势指数；X_{ijt}表示 t 时期 j 国 i 产品的出口额；X_{jt}表示 t 时期 j 国的总产品出口额；X_{iwt}表示 t 时期世界 i 产品的出口额；X_{wt}表示 t 时期世界的总产品出口额。概括而言，RCA 指数就是一个国家某种产品出口额占其出口总值的份额与世界出口总额中该类商品出口额所占份额的比率。通常某种产品的显示性比较优势指数数值越大，该国的这种产品在国际市场上的比较优势越大。在分析和利用显示性比较优势指数时，选择的分界标准会出现分布倾斜的问题，甚至影响回归检验中的分布假定。要克服分布倾斜的问题，显示性对称比较优势指数更有优势，具体的计算公式可以表示为

$$RSCA_{ijt}=(RCA_{ijt}-1)/(RCA_{ijt}+1) \tag{3.6}$$

RSCA 指数的数值为-1～1。当 $RSCA_{ijt}$数值大于 0 时，说明 t 时期 j 国在 i 产品上的专业化程度高于同一时期世界的平均水平，j 国生产 i 产品具有国际比较优势；反之，当 RSCA 指数数值小于 0 时，意味着 t 时期 j 国 i 产品的生产在国际市场上不具有比较优势。

（二）聚类分析方法

聚类分析（Cluster Analysis）是事物分类研究中常用的多元统计分析方法之一。在研究一些经济问题时，基于研究样本的某类属性或诸多特征，应将相似程度较高的研究对象划到同类之中，分类的数量由研究需求决定。至于相似程度的衡量，主要考虑相似系数和距离。相似系数通常用于变量的分类，而距离常用于对研究对象个体进行归类。两个个体之间基于 m 个属性的距离 $d(i,\ j)$ 可以通过明氏（Minkowski）距离、马氏（Mahalanobis）距离及兰氏（Canberra）距离计算，其中最为人们熟悉也是使用最多的是明氏距离中的欧式距离。明氏距离的计算公式可以表示为

$$d(i,\ j)=\sqrt[q]{\sum_{k=1}^{m}|x_{ik}-x_{jk}|^{q}} \tag{3.7}$$

当 $q=1$ 时，该距离可称为绝对值距离。

$$d(i,\ j)=\sum_{k=1}^{m}\mid x_{ik}-x_{jk}\mid \tag{3.8}$$

当 $q=2$ 时，该距离可称为欧式（Euclidean）距离。

$$d(i,\ j)=\sqrt{\sum_{k=1}^{m}\mid x_{ik}-x_{jk}\mid^{2}} \tag{3.9}$$

当 q 趋于无穷时，该距离被称为切比雪夫（Chebychev）距离。

$$d(i,\ j)=\max_{1\leqslant k\leqslant m}\mid x_{ik}-x_{jk}\mid \tag{3.10}$$

本书对全球重要经济体按照产品的 RSCA 指数采用 K-均值聚类方法进行聚类。K-均值聚类方法也被称为“快速聚类方法”，其基本思想是：首先，随机选择 K 个个体代表 K 个类，个个体作为一个类的原型，根据距离原型最近的法则将其他对象分配到各个类中。其次，以每个类所有个体的平均值作为该类新的原型，迭代进行个体的再分配，直到没有变化为止，从而得到最终的 K 个类。全球各重要经济体通过 K-均值的聚类分析方法被划分为三大类，各类产品下第Ⅰ类经济体在此类产品的生产上具有相对较高的比较优势，依此类推，第Ⅲ类经济体相对于其他经济体而言不具有生产优势。

（三）数据来源说明

20 世纪 90 年代，东亚区域生产分工更多地沿着产品价值链而不是产业展开，在经历“东亚奇迹”之后，东亚的“雁行模式”如何发展，东亚区域各经济体的分工状况和格局如何演化，这些问题有待深入探究。在考虑数据可得性和研究意义的前提下，我们选择 1996 年、2003 年和 2013 年作为研究期。在产品复杂度指数计算过程中，涉及的指标有各国的人均 GDP、各国 HS 六分位下各种产品的出口额及各国的总出口额、各国产品出口占产品和服务总出口的比重、各国服务业产值占 GDP 的比重等。其中，各国的人均 GDP 数据来源于世界银行数据库，各国细分产品的出口贸易相关数据主要从 UN Comtrade 数据库获得。此外，各国产品出口占产品和服务总出口的比重、服务业产值占 GDP 的比重指标的数据来源于 EIU 国家数据统计。

产品内分工各生产阶段聚类分析的结果显示，每个生产阶段全球重要经济体都被划分为三类（详细结果见附表 1.2 至附表 1.4）。

四、东亚主要经济体的分工状况分析

东亚生产网络是全球生产网络下发展迅猛的重要分工网络，东亚各主要经济体的分工状况研究应在国际框架下进行。这一方面有利于把握产品内国际分工这一生产分工形式在全球（包括东亚地区）的发展，另一方面有助于清晰展现东亚地区生产分工的区域性变化特征。在前文对全球重要经济体机械工业生产分工状况进行聚类分析的基础上，这里我们提取东亚主要经济体的聚类结果，细致分析东亚机械工业生产体系下各经济体的分工状况及演化特征。

为了清晰地比较各经济体的分工状态，特将三个研究期东亚各主要经济体的聚类结果统计在表 3.9 中。

根据表 3.9 的聚类结果，各国在产品内各生产阶段的优劣势清晰可见，第Ⅰ类至第Ⅲ类表示生产优势依次降低。就日本而言，由于其工业化起步较早，经济发展水平较高，在机械工业各生产阶段多数表现出较高的生产优势特征。日本长期在复杂零部件、半成品和资本品生产阶段具有全球Ⅰ类的生产优势，消费品的生产优势处于第Ⅱ类。在 1996 年和 2003 年两个研究期，日本在简单零部件阶段也具有区域内最高的生产优势，但 2013 年的统计结果显示，日本在简单零部件上的生产优势低于中国和菲律宾。与此同时，我们不得不承认，日本在东亚机械工业生产分工体系中，无疑还是技术担当的角色，不仅长期在复杂零部件和资本品上具有绝对的生产优势，而且在精密零部件阶段的生产优势也上升为Ⅰ类。因而可以说，日本对东亚区域机械工业生产体系的高级化演化发挥着至关重要的作用。

表 3.9　东亚主要经济体机械工业在产品内各生产阶段的聚类结果

出口国	年份	简单零部件	复杂零部件	精密零部件	半成品	资本品	消费品
日本	1996	Ⅰ类	Ⅰ类	Ⅱ类	Ⅰ类	Ⅰ类	Ⅱ类
	2003	Ⅰ类	Ⅰ类	Ⅰ类	Ⅰ类	Ⅰ类	Ⅱ类
	2013	Ⅱ类	Ⅰ类	Ⅰ类	Ⅰ类	Ⅰ类	Ⅱ类
韩国	1996	Ⅱ类	Ⅱ类	Ⅲ类	Ⅱ类	Ⅱ类	Ⅱ类
	2003	Ⅱ类	Ⅱ类	Ⅲ类	Ⅰ类	Ⅱ类	Ⅱ类
	2013	Ⅱ类	Ⅱ类	Ⅲ类	Ⅱ类	Ⅱ类	Ⅱ类
新加坡	1996	Ⅱ类	Ⅱ类	Ⅱ类	Ⅱ类	Ⅱ类	Ⅰ类
	2003	Ⅰ类	Ⅰ类	Ⅰ类	Ⅰ类	Ⅱ类	Ⅱ类
	2013	Ⅱ类	Ⅰ类	Ⅰ类	Ⅱ类	Ⅱ类	Ⅱ类
中国	1996	Ⅰ类	Ⅱ类	Ⅲ类	Ⅰ类	Ⅱ类	Ⅰ类
	2003	Ⅰ类	Ⅱ类	Ⅱ类	Ⅰ类	Ⅱ类	Ⅰ类
	2013	Ⅰ类	Ⅰ类	Ⅲ类	Ⅰ类	Ⅰ类	Ⅰ类
印度尼西亚	1996	Ⅲ类	Ⅲ类	Ⅲ类	Ⅲ类	Ⅲ类	Ⅱ类
	2003	Ⅱ类	Ⅱ类	Ⅲ类	Ⅱ类	Ⅲ类	Ⅱ类
	2013	Ⅱ类	Ⅲ类	Ⅲ类	Ⅱ类	Ⅲ类	Ⅱ类
马来西亚	1996	Ⅱ类	Ⅲ类	Ⅲ类	Ⅱ类	Ⅲ类	Ⅱ类
	2003	Ⅰ类	Ⅱ类	Ⅱ类	Ⅰ类	Ⅱ类	Ⅱ类
	2013	Ⅱ类	Ⅱ类	Ⅱ类	Ⅱ类	Ⅱ类	Ⅱ类
菲律宾	1996	Ⅱ类	Ⅲ类	Ⅲ类	Ⅲ类	Ⅲ类	Ⅱ类
	2003	Ⅱ类	Ⅱ类	Ⅲ类	Ⅱ类	Ⅲ类	Ⅲ类
	2013	Ⅰ类	Ⅱ类	Ⅱ类	Ⅱ类	Ⅱ类	Ⅱ类
泰国	1996	Ⅱ类	Ⅲ类	Ⅲ类	Ⅱ类	Ⅲ类	Ⅱ类
	2003	Ⅰ类	Ⅱ类	Ⅲ类	Ⅱ类	Ⅲ类	Ⅱ类
	2013	Ⅱ类	Ⅱ类	Ⅲ类	Ⅱ类	Ⅱ类	Ⅰ类
越南	1996	—	—	—	—	—	—
	2003	Ⅱ类	Ⅲ类	Ⅲ类	Ⅱ类	Ⅲ类	Ⅲ类
	2013	Ⅱ类	Ⅲ类	Ⅲ类	Ⅱ类	Ⅲ类	Ⅱ类

资料来源：根据聚类分析结果整理。

韩国作为由亚洲新兴工业化经济体成功晋升为发达国家的代表，经济发展表现与日本相比存在一定差距，但与东亚其他国家相比则有一定的模范作用。值得关注的是，韩国在机械工业各生产阶段的聚类分析结果显示，在全球重要经济体中，韩国基本上不具备第Ⅰ类的生产优势，多稳定在第Ⅱ类优势经济体群组。这一现象与其发展程度存在一定的矛盾，主要是由于以下两方面的原因：一方面，韩国机械工业的产品主要用于国内消费，出口部分占比相对较少。由于显示性对称比较优势指数是基于出口贸易额计算的，因而较难准确衡量国内消费部分产生的生产效应。另一方面，韩国机电行业中的较多产品属于小型电子产品，生产环节较多，但各生产环节的复杂性并不高，从而导致在机械工业生产分工体系下，韩国不具备各生产阶段的生产优势。同为“亚洲四小龙”之一的新加坡，在机械工业各生产阶段上的表现则相对较佳。进入21世纪之后，新加坡在复杂和精密零部件等高附加值产品的生产上具有全球Ⅰ类的优势特征。

中国以空前的规模和深度参与到东亚生产网络中，凭借自身充裕的劳动力资源，且作为传统的制造业加工组装平台，在简单零部件、半成品和消费品生产阶段具有绝对领先的生产优势。与此同时，我们也发现，中国在机械工业复杂零部件和资本品上的生产优势在上升，在2013年的聚类结果中被归为全球最具优势群组。这一生产状况的改变对中国在东亚生产网络中的角色定位具有重要影响。

越南、印度尼西亚、马来西亚以及菲律宾等东盟国家在简单零部件、消费品和半成品生产阶段的生产优势普遍高于在复杂零部件、精密零部件和资本品生产阶段的生产优势。从变化趋势来看，印度尼西亚、马来西亚和菲律宾在简单零部件和半成品生产阶段的生产优势有所上升，越南和泰国在简单零部件和消费品生产阶段的生产优势随时间增强。菲律宾在简单零部件生产阶段的生产优势快速增强，与中国共同成为全球生产网络中在简单零部件产品的生产上最具优势的国家。整体来看，东盟等国在低附加值生产阶段的生产优势冲击着中国传统加工制造平台的地位。中国或许将为东亚后进低成本地区让渡出更多低附加值生产阶段的专业化生产机会。此外，东盟等国家的生产优势增强不仅体现在低附加值生产阶段，在复杂零部件和资本品等附加值较高生产阶段也表现出一定程度的上升趋势。

五、东亚机械工业生产格局的演化特征

综合三个样本研究时期来看东亚机械生产格局的演化特征，生产分工格局已然从此前梯队层级分明的“雁行模式”转变为多国竞争的复杂生产网络。

具体而言，20 世纪 90 年代中期，在“东亚奇迹”之后，东亚区域机械工业生产分工体系内部各经济体之间仍然保持着生产优势相当程度的互补性，分工格局与“雁行模式”较为吻合。1996 年，东亚主要经济体在不同生产阶段的生产优势差异较大，互补性较强，具有鲜明的梯队分层特征。日本在东亚生产分工体系中处于主导地位。日本在高技术含量和高附加值产品上的绝对生产优势，正是其作为“领头雁”的基础条件。新加坡和韩国之所以成为“雁身”，是与其生产优势相一致的。东盟诸国以及中国位于“雁尾”位置，在劳动力成本优势驱动下，为东亚生产网络提供廉价的劳动力要素，更多的是生产和出口低附加值产品。

发展至 2013 年，东亚区域机械工业生产分工体系呈现层次模糊的竞争性网络。进入 21 世纪以后，除日本、新加坡和中国以外，东亚主要经济体在多个分工阶段上的生产优势出现较高的重合性，互补型的差异削弱。这种现象对于东亚生产网络的梯队层级具有模糊化的效果。东亚新的机械工业生产分工体系虽然呈现错综复杂的网络状，但依然存在一定的分工地位差别。日本和新加坡凭借其在多个高附加值生产阶段的绝对生产优势，占据较高的分工地位，对东亚机械工业生产分工体系的发展具有重要的引领作用。中国的生产优势主要体现在低附加值生产阶段，但高附加值生产阶段的生产优势有所提升，其分工地位也在逐渐攀升。其他国家各阶段的生产优势并不显著，且具有较高的重合性。

总体而言，本章在阐述东亚生产分工演化过程的基础上，首先，从整体上刻画东亚生产网络，通过分析各经济体的进出口情况与区域内贸

易市场分布勾勒东亚生产网络；其次，分析东亚各主要经济体在机械工业各生产阶段的分工状况，进而探究东亚生产网络分工状况与格局变迁的特征。从本章的分析中可以发现：整体而言，东亚生产网络的格局从“雁行模式”转变为以日本和中国为枢纽的复杂生产网络。从东亚机械工业生产分工体系来看，日本在多数生产阶段表现出较高的生产优势特征，并作为生产网络中的技术担当；韩国的分工状况与其发展程度存在一定的矛盾，生产优势并不显著；进入 21 世纪以后，新加坡在复杂和精密零部件等高附加值产品的生产上具有全球 I 类的优势特征；中国在机械工业简单零部件、半成品和消费品生产阶段具有绝对领先的生产优势，同时，在复杂零部件和资本品生产阶段的生产优势不断上升；至于越南、印度尼西亚、马来西亚以及菲律宾等东盟国家，在简单零部件、消费品和半成品生产阶段的生产优势普遍高于在复杂零部件、精密零部件和资本品生产阶段的生产优势；日本与新加坡凭借其在多个高附加值生产阶段的绝对生产优势，在东亚生产网络中占据较高地位；中国的生产优势主要体现在低附加值生产阶段，但高附加值生产阶段的生产优势有所提升，其在东亚生产网络中的地位也逐渐攀升。其他国家各阶段的生产优势并不显著，且具有较高的重合性。

第四章

比较优势评价体系构建与东亚经济体比较优势状况

在产业分工到产品内国际分工的发展历程中，比较优势对国际分工与贸易的影响一直是学术界关注的焦点，各经济体基于自身比较优势参与生产分工与贸易。传统的比较优势理论在解释国际产品内生产分工体系的动态演化中的表现较为乏力，因为它并未充分考虑比较优势的多样化来源。随着比较优势理论的发展，比较优势的来源逐渐拓展，国际分工和贸易的比较优势基础日益坚实。起初，东亚生产网络的“雁行模式”以比较优势为基础，“领头雁”日本专业化生产并出口技术密集型的产品，亚洲新兴工业化经济体作为“雁身”专业化生产并出口资本密集型和中低端技术含量的产品，而作为“雁尾”的中国与东盟诸国则主要生产并出口技术含量最低的密集使用劳动要素的产品。值得注意的是，伴随日本、“亚洲四小龙”及中国等东亚经济体的差异化发展，东亚生产网络的分工状况和格局发生了显著变化。“领头雁”日本的领飞和带动能力日趋减弱，日本原有的“领头雁”地位受到威胁；东盟诸国不断进行经济赶超，产业结构不断升级；中国经济的崛起和人口红利的削弱为世界瞩目。东亚各主要经济体的比较优势特征呈现显著性变化。在东亚生产网络不断演化的过程中，经济体的比较优势与生产分工是否协同发展，即生产分工与比较优势的匹配情况，成为重要的研究主题。

近年来兴起的新李嘉图（RHO）理论综合了李嘉图理论和赫克歇尔-俄林理论，揭示了要素禀赋、生产率以及制度、地理特征等多种因素对比较优势动态变化的影响，拓展了比较优势的来源，有利于更好地解释生产分工的发展变化特征。本章首先在前人研究的理论基础上，对比较优势的来源进行拓展和归纳，涵盖劳动力成本、资本、技术、制度及人力资本等诸多因素，构建细分比较优势来源的指标体系；其次，运用因子分析方法对指标体系进行处理；最后，根据因子分析结果对东亚各经济体的比较优势状况进行描述性分析。

第一节　比较优势理论的演化

有关比较优势的研究，最早可追溯至李嘉图（1817）在发展亚当·斯密绝对优势理论的基础上提出的比较优势的概念。比较优势理论不断发展，在经济活动中不断被赋予新的内涵，与一国经济增长及国际贸易和生产分工有着密不可分的联系。对比较优势理论的演化进行论述，可以遵循从传统比较优势到新贸易理论下的现代比较优势理论，再到近年来兴起的新李嘉图比较优势理论的路径，并结合其在经济增长和国际贸易与生产分工方面的应用。

一、传统比较优势理论

传统比较优势包括李嘉图（1817）的生产率比较优势和赫克歇尔（1919）及俄林（1933）的要素禀赋（Factor Endowments）比较优势。后续比较优势的相关文献主要沿着这两条主线进行研究和拓展。

李嘉图的比较优势模型基于劳动力作为唯一生产要素的前提，将比较优势的来源归结于劳动生产率的差异。比较优势理论具有两方面的重要意义：一方面，根据该理论，世界上所有的国家参与国际分工并通过国际市场进行交换都是可行的；另一方面，该理论指出了国家之间交换的特殊规则，即各个国家按照比较优势的原则加入国际分工与贸易，从而形成有利于世界经济发展的产业结构。而事实上，国际贸易和生产分工下的比较优势不仅取决于劳动生产率的差异，还是一国要素禀赋的反映。建立在新古典一般均衡分析框架上的要素禀赋比较优势理论突破了这一局限，推动了比较优势理论的发展。

赫克歇尔（1919）及俄林（1933）提出了要素禀赋理论。该理论将传统的李嘉图比较优势理论的单要素（劳动力）扩展到两个或以上要素的情形，除了劳动力以外，还包括资本、土地等自然资源。比较优势也不仅表现为各国劳动生产率的差异，还表现为各国（地区）生产同一产品时的相对价格差异。价格差异来源于产品生产成本的相对差异。造成生产成本差异的原因有两个：一是各个国家（地区）生产要素禀赋的不同；二是生产各种产品的要素密集度不同。要素禀赋理论认为，由于各国的相对要素禀赋不同，其要素价格也会不同，在技术水平相同的条件下，各国产品的价格也会不同，从而使两国之间存在贸易的基础，并可通过贸易提高两国的福利水平。

要素禀赋理论和李嘉图比较优势理论的思路基本相同，都用了相对比较原则说明比较优势。要素禀赋理论是对李嘉图比较优势理论的发展。所不同的是，李嘉图用劳动生产率的差异即劳动的效率说明比较优势的形成，而要素禀赋理论用多种要素禀赋的差异说明比较优势理论。显然，要素禀赋理论将比较优势理论的研究向前推进了一步，使人们对比较优势的成因有了较为具体的认识。

二、现代比较优势理论

传统比较优势理论基于完全竞争市场假设进行静态分析，在解释现实经济现象时日益显现出局限性。比较优势理论的研究逐渐转向动态性分析。弗农（Vernon，1966）提出产品生命周期理论，指出在产品生命周期演化的过程中，产品的要素密集性质发生了动态变化。在新产品阶段，产品的要素密集性质属于技术密集，因而该阶段对产品具有比较优势的是技术相对丰裕的国家；进入成熟阶段，产品的要素密集性质转变为资本密集，此阶段对产品具有比较优势的国家转变为资本相对丰裕的国家；在标准化阶段，产品的要素密集性质为劳动密集，劳动要素丰裕的国家便具有专业化生产和出口产品的比较优势。巴拉萨（Balassa，1965）根据要素禀赋说和里昂惕夫之谜，提出了阶梯比较优势理论。他认为，在国际生产分工和贸易中，不同国家（地区）之间客观上存在比较优势的差别，发展中国家在经济发展的初期，劳动要素和自然资源相对丰裕，资本要素和技术要素相对短缺，这种特殊的要素禀赋状况决定了在经济发展初期其比较优势在于劳动密集型产品。随着经济的发展，发展中国家的要素禀赋状况必然发生变化，劳动力这一生产要素由于不断得到充分利用而变得短缺起来，相应地，资本和技术这两种生产要素由于不断积累而变得丰裕起来。这时，发展中国家的比较优势便可能由劳动密集型产品的生产转移到资本和技术密集型产品的生产上。他预期，各国进出口商品结构和比较优势会随着生产要素的积累而改变。

之后，随着新贸易理论和内生增长理论的发展，Krugman，Lucas，Morrow 等学者在此前外生比较优势的基础上，逐渐开始关注规模经济、技术进步、知识资本及人力资本等因素对比较优势的内生化影响，丰富和拓展了比较优势的内涵。Dixit 和 Stiglitz（1977）首先引入规模经济来分析比较优势。Helpman（1981）、Helpman 和 Krugman（1985）以垄断竞争模型为基础，进一步考查规模经济对比较优势的引致效应。Posner（1961）提出技术差距论，认为技术差距是导致比较优势变动的原因之一。Dollar 和 Wolff（1993）认为，技术进步对国家长期比较优势的发展具有重要意义，并利用技术差异构成的比较优势解释发达国家技术密集型产品专业化程度日益加深的现象。Oniki 和 Uzawa（1965）分析了资本积累对贸易格局的影响，描述了比较优势的长期变化趋势。Grossman 和 Helpman（1989，1990）基于知识资本和差异产品，从研发的角度构建了动态比较优势分析模型。林毅夫等（1999）将资本存量的积累、比较优势的动态变化、产业结构的升级联系起来。Grossman 和 Maggi（2000）还通过建立相似要素禀赋的贸易竞争模型，分析人力资本的分配对比较优势和国际贸易的影响。代谦和别朝霞（2006）发展了一个以人力资本为核心的动态比较优势模型，研究后发现，各国人力资本积累的消长是动态比较优势的决定因素。

三、新李嘉图比较优势（RHO）理论

近年来兴起的 RHO 理论是将李嘉图比较优势理论和 H-O 要素禀赋理论结合在一起，整合生产率、要素禀赋、地理特征及制度等多种影响因素，对比较优势的动态变化做出全面的解释，并可用于实证分析的模

型。Bernard 等（2000）将国家层面要素禀赋、产业层面要素密集度、厂商层面生产率融入比较优势模型，构建 BRS 模型，分析以上因素对比较优势和贸易结构的影响。Eaton 和 Kortum（2002）引入异质性厂商的假设和地理特征因素，通过构建一般均衡的新李嘉图模型，推导出贸易流量结构方程。他通过理论分析认为，技术水平决定的生产率异质程度影响比较优势，贸易阻碍与贸易国之间的地理距离成正比，整体上将 R&D（研发）、技术、生产率、地理特征、要素禀赋与贸易流动有机结合起来。后来，学者们基于 Eaton 和 Kortum（2002）的新李嘉图模型进行拓展和改进，不断丰富和完善 RHO 理论的相关研究。Chor（2010）拓展了 Eaton 和 Kortum（2002）的理论，提出多国完全竞争的李嘉图模型，解释专业化生产模式，量化了全球贸易均衡下不同来源的比较优势对国家福利的相对重要性，预测产业贸易流向。他认为，比较优势是由国家间的相互作用和产业特征决定的，国家会在具有充裕要素禀赋、良好制度环境和核心技术能力的行业进行专业化生产。Costinot（2009）运用互补性数学工具，就塑造比较优势的基本要素，为基于要素生产率和要素供给预测的国际专业化生产模式提供充分条件。Morrow（2010）在准 H-O 模型的基础上，结合李嘉图的比较优势理论和 H-O 理论，提出技术差距与要素禀赋共同形成比较优势，从而决定贸易模式。此外，田朔（2019）等学者在技术差距和要素禀赋的基础上，研究了汇率变动对中国企业出口的影响，进一步完善了贸易竞争力维度的分析。

上述比较优势的相关文献基于多种比较优势动因角度和生产率的展开形式深入探索国际分工与贸易模式，逐渐拓展比较优势的内生化来源，从单一因素的比较优势发展为多种因素综合作用下的比较优势，将比较优势理论的发展推向了更加完善和深入的研究层次。

四、多元化比较优势理论

以往学者们对比较优势和国际贸易与生产分工的研究，多基于个别比较优势来源展开，我们在前人研究的基础上，尽可能详尽、全面地考虑比较优势的来源，探索国际生产分工的比较优势评判标准，以此分析东亚各经济体在产品内生产分工体系下是否充分体现其比较优势，并探究生产分工优化的可行性和路径。在本章构建细分比较优势来源的指标体系和探索国际生产分工的比较优势评判标准之前，首先要把握比较优势的多元化理论基础。

有关比较优势的研究，最早可追溯至李嘉图（1817）在发展亚当·斯密绝对优势理论的基础上提出的比较优势的概念。李嘉图的比较优势模型基于劳动力作为唯一生产要素的前提，认为劳动生产率（技术水平）的相对差别以及由此产生的相对成本差别决定了国际生产和贸易的模式，将比较优势的来源归结为劳动生产率（技术水平）的差异。而事实上，国际贸易和生产分工下的比较优势并不完全取决于劳动生产率的差异，而且李嘉图的比较优势理论并没有解释两国之间的劳动生产率和比较成本为什么会发生差异。之后，赫克歇尔（1919）及俄林（1933）建立在新古典一般均衡分析框架下的要素禀赋理论将生产要素拓展为资本和劳动力两种要素，假定各国的劳动生产率是相同的（各国的生产函数相同），将产品生产相对成本的差异归结为两方面的原因：一方面，是各国生产要素禀赋的差异化比率；另一方面，是商品生产的要素密集度不同。要素禀赋理论从要素结构的角度解释和研究国际贸易产生的原因及贸易流向，进一步推动了比较优势理论的发展。后续比较优势的相关理论研究文献主要沿着李嘉图（1817）的劳动力生产率比较优势说和赫克歇尔（1919）及俄林（1933）的要素禀赋理论两条主线进行研究和拓展，分别从技术水平和要素结构两个角度对国际贸易的规模和结构，以及比较优势的变化进行分析。

在传统比较优势逻辑框架下，技术水平和要素禀赋状况均被视为外生变量，并没有进一步研究分析比较优势的内生性来源。20 世纪 80 年代末以来，很多学者在国际贸易的相关研究中尝试将技术进步内生化，克服了传统外生化技术相关理论研究的不足，并突破了传统国际贸易理论的静态分析框架。所谓内生比较优势，是指比较优势是通过后天的技术创新或专业化学习，以及经验积累人为创造出来的，它强调比较优势的内生性和动态性。将技术进步作为系统内生变量研究比较优势的形成和动态变化，有助于推动比较优势的理论研究向新的阶段发展。技术内生化的理论研究揭示了技术进步的动因及其效应，技术性比较优势的来源主要包括有目的的研发投资活动、专业化分工，以及“干中学”和“技术溢出”效应（Romer，1987，1990；Grossman 和 Helpman，1989，1990，1991；杨小凯，2000）。有目的的研发投资活动是技术进步的关键，研发投资活动一方面能增加产品的种类，另一方面可提高产品的质量，通过这两条途径促进新知识的生产或技术存量的增加。Grossman 和 Helpman（1989，1990）基于知识资本和差异产品，从研发投资的角度构建了动态比较优势分析模型。专业化分工也是技术进步的重要原因。Grossman 和 Helpman 认为，一国初始位于技术进步方面的领先地位，会专业化生产技术水平较高的产品，一般而言，生产率方面的优势会通过专业化的生产分工得到加强。因此，一国在初始时期的专业化分工和技术水平也是研究比较优势时需考虑的重要因素。杨小凯和 Ng（1995）也指出，信息不对称及由此引致的专业化分工是社会生产力进步的原因，专业化分工有利于提高要素生产率。Ethier（1982）、Judd（1985）、Romer（1992）通过内生化中间产品种类的模型，阐释了专业化分工在促进产品种类增加和新技术出现中的作用。克鲁格曼（Krugman，1987）通过技术溢出和“干中学”阐释了技术进步和比较优势的内生含义，指出技术外溢在国内的扩散比在国外的扩散快，国内的“干中学”效应决定了该国原先技术领先的产业更加具有领先优势，两国的技术差异可能因为其在分工从事的行业中积累经验的不同而发生变化。

人力资本也是比较优势的重要来源之一。在 Schultz（1960，1961）提出人力资本概念后的很长时间内，国际贸易理论并没有注意到人力资本在决定比较优势和经济长期增长方面的重要作用。1983 年，Findlay 和 Kierzhowski 在 Kenen（1965）的基础上，正式将人力资本引入标准的 2×要素、2×商品贸易模型。然而，在国际贸易模型中，经济学家们仍然很少考虑人力资本在决定各国比较优势、技术能力和生产效率方面的特殊作用，而是把人力资本看作一种内生的积累要素（Bond 等，2003）。事实上，人力资本水平的高低一方面决定了各国的技术能力——先进技术和新产品的研发依赖各国高素质的科研人员；另一方面，人力资本水平决定先进技术在实际生产过程中的生产效率，因为先进技术需要相应素质的普通劳动者与之相匹配（邹薇、代谦，2004）。Grossman 和 Maggi（2000）从人力资本配置的角度分析了各国间人力资本的分配对比较优势和国际贸易的影响。此外，人力资本具有很强的外部性，科技人员和高素质的普通劳动者之间的交流和相互影响会对研发效率和生产效率产生潜移默化的作用（Lucas，1988）。同时，朱敏等（2019）强调，人才国际流动的外部性收益会推动发展中国家对外贸易的发展。Lucas（1993）强调了经济增长中起主导性作用的人力资本，提出有必要在国际贸易领域比较优势研究框架中纳入人力资本因素。

近年来，制度质量差异也被广泛应用于分析一国新的比较优势来源。起初，North（1994）在从历史演化的角度考查制度对贸易作用的过程中，提出了“制度启动国际贸易”的思想。将制度分析引入国际贸易理论，极大地扩展了贸易理论的解释力和应用空间。制度因素对一国或地区比较优势的静态状况、动态变化及经济实现都具有决定性的影响。合理的制度安排有利于节约交易费用或提高交易效率，使外部性内部化、私人收益率接近社会收益率，降低不确定性，减少机会主义行为。比较优势的制度内涵是国际经济学关注的重要前沿问题。Nunn（2007）最早基于“敲竹杠”和投资不足问题，就契约制度对比较优势的影响进行实证研究。Levchenko（2007）考虑了更宽泛意义上的制度，研究支持包括契约执行质量、知识产权保护、投资者法律保护程度等在内的制度质量，构成一国比较优势的重要来源。黄玖立等（2013）基于中国海关的贸易数据，考查了经济特区以契约制度衡量的制度比较优势。Acemoglu 等（2007）和 Costinot（2009）也证明，良好的制度环境有助于降低契约的不完全程度，从而深化劳动力分工、促进技术应用，进而提高劳动生产率，影响一国或地区的比较优势。Feenstra 等（2013）、Ara（2014）都发现，具有较高制度质量的国家会在契约密集度较高，或者说对契约依赖度较高的行业具有相对比较优势，表现出较多的出口。

比较优势的相关研究逐渐涉及内生化来源并不断拓展，从单一因素的比较优势发展为多种因素综合作用下的比较优势，将比较优势理论的发展推向更加完善和深入的研究层次，进而促使国际分工和贸易的相关研究不断深入。近年来，新李嘉图比较优势（RHO）理论通过整合李嘉图的比较优势理论和 H-O 理论，全方位地揭示了比较优势的多样化来源和动因。该理论的发展为更加全面、合理地解释国际生产分工和贸易状况提供了坚实的理论基础。例如，Costinot 和 Komunjer（2007）、Chor（2010）在 RHO 理论框架下，通过以贸易流动代替相对贸易流动、考虑制度因素对生产率的作用对模型进行改进和处理，对比较优势的多样化来源和动因进行分解，较好地阐释了新李嘉图模型的主要思想，如图 4.1 所示。

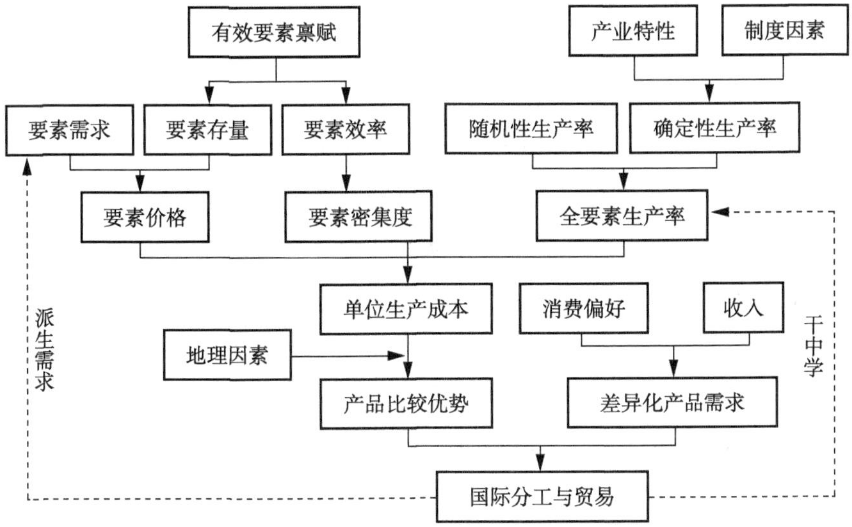

图 4.1　新李嘉图模型的主要思想框架

图 4.1 清晰地展现了比较优势的多样化来源和动因，一国特定产业的出口状况由进口需求和出口国多样化生产率形成的比较优势共同决定。因此，比较优势受到有效要素禀赋和全要素生产率的共同影响。有

效要素禀赋综合考虑了要素数量和要素效率的概念。全要素生产率则既体现生产厂商竞争优势的超额随机波动生产率，也包括厂商的确定性平均生产率。制度变量是影响确定性生产率的重要因素，与产业特性相结合，综合作用于确定性生产率。广义的地理变量也是影响企业生产成本和国际竞争能力不可忽视的因素之一。① 地理距离因素产生的贸易成本通过比较优势影响产品内国际分工与贸易。

我们通过梳理比较优势理论的演化和相关研究，全方位地探究比较优势的多样化来源。本书结合前人的研究，在新李嘉图比较优势理论框架下，将比较优势多样化来源的载体主要归纳为劳动力成本优势、物质资本优势、人力资本优势、技术优势和制度质量优势，并进一步构建细分比较优势来源的指标体系。

第二节　建立细分比较优势来源的指标体系

根据前文多元化比较优势的理论分析，本节进一步构建细分比较优势来源的指标体系，并利用因子分析的方法进行处理和分析。指标体系的构建是一种尝试性行为，尚处于不断探索的阶段。比较优势指标体系设计必须遵循科学性、可比性和系统性的设计原则。所谓科学性，是指在指标的定义、计算方法及数据的搜集等方面，要体现操作的规范性，从而增强可信程度。可比性原则主要考虑指标选取的时间维度和地域维度，运用国际通行的度量方法和折算方式等。系统性则针对指标的覆盖范围提出要求，即要尽可能全面地反映信息。只有遵循上述指标体系的设计原则，才能保证构建科学、严谨、可信度高的指标体系。具体的比

① 地理特征是影响比较优势的重要基础因素之一，但本书在构建指标体系时并未纳入地理特征，这主要基于以下两点考虑：一是近年来交通运输技术发展迅速，交通基础设施条件不断改善，全球范围内的运输成本有所下降，弱化了地理特征对比较优势的影响；二是在研究特定国家对世界整体的贸易与生产分工情况时，很难找到准确的贸易对象来衡量其地理距离。

较优势指标体系要求能系统地、科学地反映一国或地区比较优势的实际情况。同时，指标的选择要重视定性与定量相结合，力求完整而客观地反映一国或地区的比较优势。

一、指标体系的构建

目前，学术界尚未形成统一而规范的细分比较优势来源的指标体系。基于前述的比较优势多样化来源理论，并且考虑指标统计数据的可获取性和可靠性，我们在参考了大量研究文献，创新性地建立了细分比较优势来源的较为全面的指标体系。根据指标体系的设计原则，本节将整体比较优势多维指标体系设计为三级指标：第一级指标为比较优势多样化动因和来源的主要载体，包括劳动力成本、物质资本、人力资本、技术进步和制度因素五大比较优势载体；第二级指标为多元化比较优势主要载体的多方面影响因素；第三级指标则具体细化为最终需要搜集数据的底层基础量化指标。下文将对具体指标体系进行详细的解释和说明。

（一）劳动力成本优势

全球产品内生产分工体系形成的动因正是不同国家（地区）在要素禀赋方面的差异化，以及不同生产环节要素密集度的差异性。要素禀赋方面的差异化不仅是产品内国际生产分工的动因，也是产品内国际分工体系组织模式选择的重要考量因素。跨国公司结合自身发展战略、东道国的要素禀赋特征及其他经济因素，选择最优的组织模式。全球要素禀赋数量和结构的动态变化特征对于一国（地区）参与产品内国际分工，甚至全球新的分工格局都具有重要影响。随着产品内国际分工与贸易的进一步发展，以及各国（地区）要素禀赋数量与结构特征的动态演化，在全球生产网络优化资源配置、提高经济收益的过程中，要素禀赋优势的重要作用更加突出。

基于国际分工与贸易的相关理论和研究文献，传统要素禀赋比较优势主要涉及劳动力成本优势及物质资本优势。劳动力成本优势（B_1）

主要考查一国或地区劳动力要素的丰裕程度，廉价的劳动力成本比较优势对一国或地区参与国际生产分工和贸易具有重要影响，能使该国或地区在密集使用劳动力要素的生产阶段具备比较优势。反映劳动力成本比较优势的指标主要是人口结构（C_{11}）和参与实际就业活动的劳动力数量（C_{12}）。人口结构考查一国或地区处于劳动年龄的人口状况，包括15~64岁的劳动年龄人口占比（D_{111}）、老人和少儿总抚养比（D_{112}）两个基础指标。抚养比是指15岁以下或64岁以上的被扶养人口与劳动年龄人口的比例，具体的数据为每百名劳动年龄人口中被抚养人口所占的比例。本书选取15~64岁人口的劳动参与率（D_{121}）和15岁（含）以上总就业人口比率（D_{122}）两个指标来反映劳动力数量。

（二）物质资本优势

物质资本优势（B_2）是传统要素禀赋的重要方面。物质资本是长期存在于机器、设备和厂房、建筑物、交通运输设施等形式上的资本，是实现经济增长和发展的物质基础和条件。在传统的产业经济理论中，积累物质资本（资本形成）对于经济社会当期产出率和未来的生产能力都有重要影响。物质资本优势旨在考查一国或地区长期存在的生产物资形式方面的比较优势，通过资本数量（C_{21}）和资本增长率（C_{22}）两个指标进行考查，分别以资本形成总额占GDP的比重（D_{211}）、固定资本形成总额占GDP的比重（D_{212}）、资本形成总额年增长率（D_{221}）和固定资本形成总额年增长率（D_{222}）作为基础指标。其中，资本形成总额由新增固定投资和库存的净变动值构成。

（三）人力资本优势

除传统要素禀赋以外，人力资本也是一国或地区比较优势的重要载体和来源，对生产率和经济增长发挥着非常重要的作用。人力资本是以劳动者为载体的资本，通过对劳动者进行教育、职业培训或技能培训等支出性投资和健康性投资，形成凝结在生产者身上的各种生产知识、劳动与管理技能、健康素质的存量总和。随着知识经济时代的到来，具有丰富的知识、技能及健康状况较好的人力资本成为经济增长中高质量的投入要素，人力资本的边际报酬递增的生产力属性逐渐得到重视，比传统要素禀赋具有更大的增值潜力。吴石磊（2016）指出，学校教育、在职培训、医疗保健和迁移、信息及思想观念等均属于人力资本投资。张志新（2019）认为，人力资本优势主要通过教育培训、健康保健等投资形成，其中教育培训和医疗保健投资是获取人力资本的重要途径。因此，人力资本优势（B_3）主要从教育投入（C_{31}）和健康投入（C_{32}）两个角度进行指标体系构建。教育投入主要考查高等教育入学率（D_{311}）和教育公共开支占 GDP 的比重（D_{312}）两个三级基础指标；健康投入主要考查人均医疗卫生支出（D_{321}）、出生时的预期寿命（D_{322}）和医疗卫生支出占 GDP 的比重（D_{323}）三个指标。

（四）技术优势

有技术优势的国家或地区具有较强开发新产品和新工艺的能力，从而有可能暂时享有生产和出口某类高技术产品的国际比较优势，进而影响其在未来国际经贸发展中的地位。前文理论部分阐述了技术进步作为比较优势的一个重要动因或基础，其主要来源包括研发投资活动、专业化分工及技术外溢和“干中学”等。一国（地区）既定的产业结构或产业发展特征可以在一定程度上体现该国（地区）的专业化分工形式，以及在技术外溢和“干中学”效应下的状态。因此，技术进步一方面显著体现在研发创新的投入力度和产出效果上，另一方面与本国的产业发展特征有着密切关系。关于技术优势（B_4）的影响，本节主要从产业技术特征（C_{41}）、研发创新投入（C_{42}）和研发创新产出（C_{43}）三个层面构建指标体系。在产业技术特征方面，主要考虑一国（地区）既有产业技术特征及由于产业结构发展形成的固有技术特征，具体考查工业增加产值占 GDP 的比重（D_{411}）、制造业出口中高科技产业出口占比（D_{412}）、每百人中互联网用户数量（D_{413}）、人均电力消费（D_{414}）四个基础指标。对发展中国家来说，其总体的产业技术特征与发达国家存在较大差距。此外，Schott（2008）发现，一国（地区）与高收入经合组织国家的出口相似度会随着研发投入的增加而出现明显提升。在一定条件下，投入研发的资金的多少可以改变一国（地区）在国际分工中的比较优势，产生新的贸易比较利益。因此，在研发创新投入方面，主要从研发人员和研发经费两个层面构建指标体系，考查每百万人中研发人员数量（D_{421}）和研发经费支出占生产总值的比例（D_{422}）两个基础指标。研发创新产出在一定程度上反映了知识技术资本的积累，主要通过本国居民的专利申请数量（D_{431}）来衡量。

（五）制度质量优势

制度因素的引入在很大程度上扩展了国际贸易理论的应用空间，制度质量差异更被用于分析一国新的比较优势来源，成为国际经济学关注的重要前沿问题。一个国家的制度质量是影响其交易成本和交易效率的重要因素。良好的制度环境有助于降低契约的不完全程度，从而深化劳动分工、促进技术采用，进而提高劳动生产率，影响一国（地区）的比较优势。制度的实质意义在于，通过有效的第三方监督来限制剩余索取权，进而减弱投资扭曲和所有权扰动，并最终提高交易效率。较好的制度环境有利于弱化特定关系投资中的套牢问题和道德风险，从而构成比较优势的独立来源（Belloc 和 Bowles，2011）。Nunn 和 Trefler（2013）认为，制度对国际贸易有深远的影响。他们回顾了该领域的理论和实证研究，强调了制度因素对比较优势的影响。制度质量决定交易成本和交易效率方面的优势，传统要素禀赋、人力资本和技术水平决定生产成本优势，这四者共同影响一国的比较优势。

目前，对于制度质量优势尚没有一个统一、规范的定义。本节的制度质量优势（B_5）主要考虑经济制度（C_{51}）和法律系统制度（C_{52}）两个分项指标。① 经济制度涉及商品市场、金融市场及政府税收等层面的制度。具体而言，经济制度方面的指标有营商自由度（D_{511}）、金融自由度（D_{512}）、贸易自由度（D_{513}）、投资自由度

① 制度因素是一个多维的概念，涵盖社会生活的各个方面，如政治、经济、文化等。鉴于本书主旨在于研究经济领域的问题，政治和文化制度暂且不予考虑，主要就经济制度及与经济活动密切相关的法律系统制度展开分析。

(D_{514}) 和商业利润中总的税收比例 (D_{515}) 等基础指标。法律系统制度主要包括与经济生产活动紧密相关的合同契约、产权保护等制度。法律系统制度用于测量社会居民对制度规则的信心和遵守程度，尤其要确保合同执行的质量和司法体系的质量。法律系统制度指标包括法律法规质量 (D_{521})、知识产权保护水平 (D_{522}) 和腐败控制 (D_{523}) 三方面的基础指标。腐败控制主要测度公共权力被用于获取私人利益的程度。

根据比较优势多样化来源的理论分析，以及指标体系的设计原则，本书从劳动力成本优势、物质资本优势、人力资本优势、技术优势和制度质量优势五个方面展开分析，形成了多维度的基础指标共同构成的比较优势指标体系，整个指标体系见表 4.1。

二、数据来源及说明

在细分比较优势来源的指标体系中，统计数据的时间跨度为 1996—2013 年，各国 15~64 岁的劳动年龄人口占比及其劳动参与率、资本形成总额、高等教育入学率、每百万人口中研发人员数量、居民的专利申请数量、制造业出口中高科技产业出口占比、医疗卫生支出占 GDP 的比重等数据均来源于世界银行的世界发展指标（WDI）数据库。法律法规质量和腐败控制的数据来源于世界银行的全球治理指标（Worldwide Governance Indicators，WGI）数据库。全球治理指标体系是综合了六大类子指标的综合政治管理指标体系，具体包括民主程度、政治稳定、政府效率、管制质量、法律法规和腐败控制。[①] 营商自由度、金融自由度、贸易自由度、投资自由度等数据来源于美国传统基金会和《华尔街日报》联合发布的年度报告。美国传统基金会和《华尔街日

① 民主程度测度一国参与政府选举的自由程度，以及言论、出版等的自由程度；政治稳定测度政府被非制宪手段或暴力手段推翻的可能性；政府效率测度公共服务的质量、政策制定和执行的质量，以及政府执行政策的可信度；管制质量测度政府制定及执行管制私人部门发展政策的能力；法律法规测度社会居民对制度规则的信心和遵守程度，尤其要确保合同执行的质量、司法体系的质量；腐败控制测度公共权力被用于获取私人利益的程度。

表 4.1　细分比较优势来源的指标体系

一级指标	二级指标	三级指标	计量单位
劳动力成本优势（B_1）	人口结构（C_{11}）	15~64 岁的劳动年龄人口占比（D_{111}）	%
		老人和少儿总抚养比（D_{112}）	%
	劳动力数量（C_{12}）	15~64 岁人口的劳动参与率（D_{121}）	%
		15 岁（含）以上总就业人口比率（D_{122}）	%
物质资本优势（B_2）	资本数量（C_{21}）	资本形成总额占 GDP 的比重（D_{211}）	%
		固定资本形成总额占 GDP 的比重（D_{212}）	%
	资本增长率（C_{22}）	资本形成总额年增长率（D_{221}）	%
		固定资本形成总额年增长率（D_{222}）	%
人力资本优势（B_3）	教育投入（C_{31}）	高等教育入学率（D_{311}）	%
		教育公共开支占 GDP 的比重（D_{312}）	%
	健康投入（C_{32}）	人均医疗卫生支出（D_{321}）	美元
		出生时的预期寿命（D_{322}）	年
		医疗卫生支出占 GDP 的比重（D_{323}）	%
技术优势（B_4）	产业技术特征（C_{41}）	工业增加值占 GDP 的比例（D_{411}）	%
		制造业出口中高科技产业出口占比（D_{412}）	%
		每百人中互联网用户数量（D_{413}）	人
		人均电力消费（D_{414}）	千瓦时/人
	研发创新投入（C_{42}）	每百万人中研发人员数量（D_{421}）	人
		研发经费支出占生产总值的比例（D_{422}）	%
	研发创新产出（C_{43}）	本国居民的专利申请数量（D_{431}）	件
制度质量优势（B_5）	经济制度（C_{51}）	营商自由度（D_{511}）	—
		金融自由度（D_{512}）	—
		贸易自由度（D_{513}）	—
		投资自由度（D_{514}）	—
		商业利润中总的税收比例（D_{515}）	—
	法律系统制度（C_{52}）	法律法规质量（D_{521}）	—
		知识产权保护水平（D_{522}）	—
		腐败控制（D_{523}）	—

报》自1995年开始，每年公布全球100多个国家和地区的“经济自由度指标”，该指标分为商业自由度、贸易自由度、财政自由度、货币自由度、金融自由度、投资自由度、劳动自由度、政府干预、产权和腐败10个子指标。这10个子指标反映了经济活动中各个领域的具体状况，具有重要的参考价值。

第三节　东亚比较优势的因子分析

上一节建立了细分比较优势来源的指标体系，本节进一步借助因子分析（Factor Analysis，FA）法，对反映比较优势多样化来源的指标体系进行处理和分析。经因子分析法降维处理之后，新的综合指标序列不仅可以较好地反映原始数据的信息，而且简洁、清晰，有助于对东亚各主要经济体的比较优势状况进行描述分析。

一、因子分析法说明

（一）因子分析法的基本原理

在研究多个变量之间的经济影响时，通常在多个变量之间进行相关矩阵等关联性分析，考查变量之间的相互依赖关系，并将其根据相关关系综合为少数但能充分反映变量信息的几个因子，以供进一步的分析和研究使用。学术界通常运用的方法是因子分析法。因子分析法是一种使用频繁的多元统计分析方法，它的关键作用在于降维（何晓群，2004），即基于尽可能多的保留数据信息的原则，通过综合的少数几个指标，更加清晰地揭示变量的经济影响，以及变量之间的关系。鉴于此，指标合成技术的优良程度取决于能否尽可能降低原始数据信息的损失。通常来说，大多数研究使用针对变量的R型因子分析法，该分析方法的基本原理如下：

假设研究过程中涉及p个指标变量，这p个指标可以分别表示为

X_1，X_2，…，X_p，从而构成 p 维的随机向量 $X=(X_1, X_2, \cdots, X_p)$。现将每个原始变量指标用 $k(k<p)$ 个因子 F_1，F_2，…，F_k 的线性组合表示，即

$$\begin{cases} X_1 = a_{11}F_1 + a_{12}F_2 + \cdots + a_{1k}F_k + \varepsilon_1 \\ X_2 = a_{21}F_1 + a_{22}F_2 + \cdots + a_{2k}F_k + \varepsilon_2 \\ \cdots \\ X_p = a_{p1}F_1 + a_{p2}F_2 + \cdots + a_{pk}F_k + \varepsilon_p \end{cases}$$

上式便是因子分析的数学模型，也可以表示为矩阵的形式：$X=AF+\varepsilon$。

在矩阵表达式中，X 为可实测的随机向量；A 为因子载荷矩阵，由因子载荷 $a_{ij}(i=1, 2, \cdots, p; j=1, 2, \cdots, k)$ 构成；F 为因子，由于它出现在每个原始变量的线性表达式中，因此又称公共因子；ε 表示原始数据体现的信息在公因子中不能得到反映的部分，通常将其称为特殊因子。

进行因子分析时，通常会对多个原始变量进行相关性分析，如求解多个变量之间的相关系数矩阵，以考查变量内部的相关性。根据尽可能多的包含原始数据信息的原则，从中选取公共因子 $F_i(i=1, 2, \cdots, k)$，忽略 ε，用少数几个公共因子代替 X，就可以清晰而简洁的形式揭示变量的经济影响。

（二）因子分析法的基本步骤

在不同问题的研究中，需要研究的变量具有差异性。在实际进行因子分析的过程中，我们会根据具体情形做出差异化的处理。尽管如此，因子分析的原理和主要步骤是不变的。简而言之，四个基本步骤是不可或缺的，分别是确认因子分析法适合处理的待研究的指标数据、公共因子变量的构造、解释公共因子、计算公共因子变量的得分。

具体而言，进行因子分析的第一步是确认因子分析法的适用性。通常使用的方法有 KMO 检验、巴特利特球度检验等，目的在于证明原始

变量之间有较强的相关性，以完成将多个原始指标综合为少数几个指标的降维工作。在确认了因子分析法适合处理的待研究的指标数据之后，就到了因子分析的重要步骤——构造公共因子变量。这一步骤主要通过主成分法或极大似然法等，求解原始指标变量的因子载荷矩阵，再基于因子载荷矩阵构造公共因子变量。进一步地，可以对公共因子变量进行解释。若由于实际含义的模糊难以清晰解释公共因子，通常会采用旋转的方法对因子进行处理，旋转的目的在于使部分指标在最少的公共因子上表现出较高的载荷值。进行旋转处理后，对公共因子的解释将更加清晰，便于展开后续研究。

多数研究并不止步于此，因为仅仅清楚地解释公共因子的含义是不够的，许多研究需要计算公共因子的得分，以获得研究样本在各公共因子上的数值，为进一步展开相关问题的研究奠定基础。例如，本书后续的研究就是通过对比较优势指标体系的处理得到样本的公因子数值，并将其用于分析经济体的比较优势状况，以及比较优势同生产分工的关系。

在确认适合借助因子分析法对细分比较优势来源的指标体系进行处理和分析之后，首要的工作便是对指标体系的基础指标数据进行标准化处理。进行标准化处理是为了消除各指标之间由于数量级的差异和量纲不一致造成的分析不便或失误等问题。标准化处理的公式可以表示如下：

$$x_{it}=\frac{v_{it}-\min\limits_{1\leqslant t\leqslant T}(v_{it})}{\max\limits_{1\leqslant t\leqslant T}(v_{it})-\min\limits_{1\leqslant t\leqslant T}(v_{it})}$$

其中，i 表示指标；t 表示时期；x_{it}表示第 i 个指标在第 t 年经标准化处理后的数值；v_{it}表示第 i 个指标在第 t 年的原始数值；T 表示研究期的总年数。在对原始的指标数值进行标准化处理之后，可以求解变量之间的因子载荷矩阵，并根据相关矩阵的特征值和方差贡献度确定公共因子的数量。通常确定公共因子个数的要求是多个公共因子的累计方差贡献率大于某一特定值，或者特征值大于 1。一般用确定数量的公共因子反映原始评价指标。若所得因子的实际意义并不是很明显，则进一步对所求因子载荷矩阵进行方差最大化的正交旋转，并对得到的公共因子加以命名和解释。最后，基于解释清晰的公共因子与原始指标变量之间的因子得分系数矩阵，用原始指标表示各个公共因子。最终的综合评价因子由各个公共因子表示，公共因子的权重为它们各自的方差贡献率，从而得到可以进行后续研究的综合评价数值序列。

二、因子分析处理结果及说明

在前文阐述因子分析法基本原理和步骤的基础上，我们利用 SPSS Statistics 20 软件对全球重要经济体 1996—2013 年各比较优势载体影响指标的样本数据进行因子分析，分析中公共因子的特征值及方差贡献率见表 4.2。在各比较优势的主要载体下，选取合适特征值标准的公共因子，其累计方差贡献率均达到 78.98%以上，能较好地反映变量所代表的绝大部分信息。

表 4.2　公共因子的特征值与方差贡献率

比较优势	公共因子	特征值	方差贡献率（%）	累计贡献率（%）
劳动力成本优势	公共因子 1	1.987	49.679	49.679
	公共因子 2	1.809	45.216	94.896
物质资本优势	公共因子 1	1.861	46.532	46.532
	公共因子 2	1.648	41.188	87.720
人力资本优势	公共因子 1	2.251	45.013	45.013
	公共因子 2	1.698	33.967	78.980
技术优势	公共因子 1	3.089	44.125	44.125
	公共因子 2	1.412	20.173	64.298
	公共因子 3	1.199	17.132	81.430
制度质量优势	公共因子 1	5.465	68.315	68.315
	公共因子 2	1.230	15.373	83.688

注：提取方法为主成分分析法。

旋转后的因子得分系数矩阵见表 4.3。

表 4.3 比较优势主要载体旋转后的因子得分系数矩阵

比较优势	指标序号	指标名称	主因子 $F1$	主因子 $F2$	主因子 $F3$
劳动力成本优势	D_{111}	15~64 岁的劳动年龄人口占比	0.539	-0.120	
	D_{112}	老人和少儿总抚养比	-0.546	0.132	
	D_{121}	15~64 岁人口的劳动参与率	-0.102	0.551	
	D_{122}	15 岁（含）以上总就业人口比率	-0.162	0.592	
物质资本优势	D_{211}	资本形成总额占 GDP 的比重	0.505	0.039	
	D_{212}	固定资本形成总额占 GDP 的比重	0.540	-0.115	
	D_{221}	资本形成总额年增长率	-0.043	0.560	
	D_{222}	固定资本形成总额年增长率	-0.046	0.542	
人力资本优势	D_{311}	高等教育入学率	0.401	-0.097	
	D_{312}	教育公共开支占 GDP 的比重	-0.393	0.823	
	D_{321}	人均医疗卫生支出	0.206	0.187	
	D_{322}	出生时的预期寿命	0.608	-0.391	
	D_{323}	医疗卫生支出占 GDP 的比重	0.090	0.317	
技术优势	D_{411}	工业增加值占 GDP 的比重	0.052	-0.704	0.198
	D_{412}	制造业出口中高科技产业出口占比	-0.116	0.314	0.380
	D_{413}	每百人中互联网用户数量	0.297	0.054	-0.091
	D_{414}	人均电力消费	0.384	-0.387	-0.103
	D_{421}	每百万人中研发人员数量	0.275	0.093	-0.042
	D_{422}	研发经费支出占生产总值的比例	0.221	0.106	0.118
	D_{431}	本国居民的专利申请数量	-0.075	-0.198	0.853
制度质量优势	D_{511}	营商自由度	0.169	0.033	
	D_{512}	金融自由度	0.197	0.199	
	D_{513}	贸易自由度	0.119	-0.131	
	D_{514}	投资自由度	0.206	0.25	
	D_{515}	商业利润中总的税收比例	0.13	0.884	
	D_{521}	法律法规质量	0.143	-0.114	
	D_{522}	知识产权保护水平	0.158	-0.069	
	D_{523}	腐败控制	0.15	-0.091	

注：提取方法为主成分分析法，旋转方法为具有 Kaiser 标准化的正交旋转法。

由于初始因子载荷分析结果不能较好地反映基础指标变量与主因子

之间的关系，因而通过 SPSS Statistics 20 软件采用方差最大法对因子载荷矩阵进行正交旋转，分别对比较优势各载体指标进行因子分析。

依据表 4.3 中的因子得分系数矩阵，可以构造出因子分析模型。以第一主因子劳动力成本优势为例：

$$F_1 = 0.539D_{111} - 0.546D_{112} - 0.102D_{121} - 0.162D_{122}$$

与 F_1 类似，其他主因子的因子分析模型也可以获得。

在上述因子分析模型的基础上，利用因子分析基本原理可以计算出经济体比较优势各主要载体的综合得分，进而可对经济体的比较优势特征及变化趋势进行描述性分析。

三、东亚主要经济体的比较优势分析

在国际分工与贸易中，动态比较优势理论认为，一国（地区）应遵循比较优势的原则，以现有资源禀赋为分工依据，积极寻求资源结构的升级，进而推动产业结构升级（Krugman，1987；Grossman 和 Helpman，1991；Amsden 和 Chu，2003）。也有观点认为，动态比较优势的构建应该是一国（地区）在现有资源结构下，大力发展那些现在没有但将来会有比较优势的产业（Proudman 和 Redding，1997）。然而，不管是哪种观点，都认为一国（地区）在构建产业结构时应遵循比较优势原则。比较优势是国际贸易和生产分工的重要动因，在区域生产网络的发展中具有相当程度的影响力。东亚区域生产网络在国际分工大潮中迅猛发展，各经济体能否充分利用自身的比较优势，对于在生产体系重构的格局中占据有利位置具有重要意义。因此，评估东亚各经济体的分工状况是否发挥了比较优势的作用，首先需要对东亚各经济体的比较优势状况进行分析。

在多元化比较优势的理论基础上，本书基于比较优势视角的研究与以往不同。以往基于比较优势视角研究东亚生产网络，多着眼于单一的比较优势来源进行分析，本节则基于多元化比较优势，通过拓展的比较优势来源构建比较优势指标体系并进行因子分析，以尽可能全面地剖析东亚各主要经济体比较优势的变化情况（见表 4.4），并在此基础上评估东亚各主要经济体的分工状况与比较优势的匹配程度。表 4.4 中东亚各主要经济体比较优势载体的得分数据来源于上一章中对比较优势指标体系进行因子分析的统计结果。

表 4.4　东亚各主要经济体比较优势主要载体的得分情况

国家	年份	劳动力成本优势	物质资本优势	人力资本优势	技术优势	制度质量优势
日本	1996	0.6526	0.3126	0.4913	1.5294	−0.1038
	2003	0.1939	−0.1822	0.3915	1.3498	−0.2703
	2013	−0.4775	−0.0896	0.3835	0.9037	0.2415
韩国	1996	0.6309	1.0446	−0.1456	0.3949	−0.0849
	2003	0.5353	0.9583	0.1558	0.6873	0.0116
	2013	0.4596	0.5790	0.3366	1.0001	0.1582
新加坡	1996	0.8249	1.4878	−0.4216	0.6512	0.9266
	2003	0.7404	−1.0950	−0.2524	0.7746	1.0505
	2013	0.8386	0.3880	−0.3105	0.7395	0.6507
马来西亚	1996	−0.4573	1.4243	−0.5457	−0.3956	−0.3143
	2003	−0.4199	−0.1735	−0.2784	−0.1892	−0.8003
	2013	−0.0684	0.7430	−0.5035	−0.0025	−0.4456
印度尼西亚	1996	−0.0411	0.6828	−1.2238	−0.6924	−0.4625
	2003	−0.0684	0.0523	−1.0887	−0.7898	−1.0358
	2013	0.0524	1.1091	−1.0361	−1.0609	−1.2684
泰国	1996	0.9341	1.4006	−0.6048	−0.4903	−0.4180
	2003	0.9520	0.4422	−0.5128	−0.5272	−0.9191
	2013	0.9648	0.2086	−0.4414	−0.6915	−0.6621
菲律宾	1996	−0.7514	0.3138	−0.7186	−0.2568	−0.6780
	2003	−0.8679	−0.1350	−0.9333	−0.3104	−0.5646
	2013	−0.4716	1.2296	−1.0198	−0.1679	−0.9039
越南	1996	0.1746	0.6667	−0.7132	−0.6175	−1.8616
	2003	0.5433	1.2936	−0.9061	−0.7356	−0.9814
	2013	0.9932	0.5282	−0.3941	−0.4185	−1.4527
中国	1996	0.9867	1.1856	−0.9404	−0.5702	−1.0279
	2003	1.0899	2.3719	−0.8843	−0.3838	−1.3835
	2013	1.0362	2.7520	−0.8134	0.2771	−1.1388

数据来源：根据统计数据，利用 SPSS Statistics 20 软件整理计算得出。

依据表 4.4，我们可以对东亚各主要经济体的比较优势状况及其演化进行描述性分析：

从劳动力成本优势的得分情况来看，1996—2013 年，中国、泰国和新加坡的得分一直处于较高水平，中国在劳动力成本方面的比较优势领先于东亚其他主要经济体。越南在劳动力成本方面的比较优势出现较大幅度的上升，由 1996 年的 0.1746 上升到 2013 年的 0.9932。马来西亚、印度尼西亚和菲律宾在劳动力成本方面的比较优势也有不同程度的提高。与此同时，日本在劳动力成本方面的比较优势表现出明显下降，由 1996 年的 0.6526 下降为 2013 年的-0.4775。韩国的下降幅度比日本低。

从物质资本优势的得分情况来看，1996 年，韩国、新加坡、马来西亚、泰国和中国均得分较高，除了中国保持了大幅度的增长外，其他国家均表现出下降的趋势。日本在低值水平上仍然呈现了降低的态势。印度尼西亚和菲律宾的物质资本比较优势与中国相似，呈现上升趋势。

从人力资本优势的得分情况来看，1996 年，日本在人力资本方面的比较优势遥遥领先于其他东亚主要经济体，但在 2003 年和 2013 年则有所下降。韩国的人力资本优势持续大幅度提升，与日本的人力资本水平相近。新加坡的人力资本优势也有所上升。其他东亚主要经济体人力资本优势得分都较低，在零值以下，其中中国、印度尼西亚以及菲律宾最为落后。

从技术优势的得分情况来看，在 20 世纪 90 年代，日本的技术比较优势远远超过其他东亚主要经济体，1996 年高达 1.53。进入 21 世纪以后，日本的技术优势逐渐减弱，到 2013 年下降至 0.90，被稳步上升的韩国赶超。韩国的技术优势得分从 1996 年的 0.39 增至 2013 年的 1.00。新加坡的技术优势长期以来颇为稳定，保持在 0.7 左右的较高水平上。中国的技术优势保持了上升的势头，由 1996 年的-0.57 上升至 2013 年的 0.28，但与日本、韩国和新加坡相比，仍然存在一定的差距。其余东亚主要经济体的技术优势相对较弱，但马来西亚、菲律宾和越南呈现上升态势。

从制度质量优势的得分情况来看，尽管新加坡 2013 年的制度比较优势较此前有所下降，但其制度优势得分仍然高于区域内其他经济体。日本与韩国在制度质量优势方面的因子得分均低于新加坡，但远高于中国、印度尼西亚及越南等国家。

本章对东亚各主要经济体的比较优势进行了描述性分析，为后续对东亚区域内的经济个体机械工业生产分工状况与比较优势特征的匹配进行系统评估奠定了基础。具体来说，本章基于多元化比较优势理论，建立了细分比较优势来源的指标体系，并运用因子分析法进行处理，根据处理结果对东亚主要经济体的比较优势状况进行了详细的描述性分析。

本章的主要结论是：在劳动力成本优势方面，中国、泰国和新加坡的得分一直处于较高水平，越南、马来西亚、印度尼西亚和菲律宾也有不同程度的提高，日本和韩国则表现出下降趋势；在物质资本优势方面，日本在低值水平上呈现降低态势，印度尼西亚和菲律宾与中国相似，呈现上升趋势；在人力资本优势方面，东亚区域内，除了日本和韩国外，普遍处于较低水平；在技术优势方面，中国保持了上升势头，但与日本、韩国和新加坡相比，仍然存在一定差距，其余东亚主要经济体的技术优势相对较弱，但马来西亚、菲律宾和越南呈现上升态势；在制度质量优势方面，日本与韩国的因子得分低于新加坡，但远高于中国、印度尼西亚及越南等国家。

第五章

东亚机械工业生产分工与比较优势匹配性分析

东亚生产网络是基于东亚各经济体在资源、技术、成本等方面比较优势的差异性形成的以生产工序或环节为对象的空间分散化的区域生产分工体系。经济体基于自身比较优势参与国际生产分工，并充分发挥比较优势，有助于促进经济快速增长，在国际生产分工和贸易中获利。在东亚生产网络下，日本、韩国、中国、新加坡等主要经济体发挥自身比较优势，积极参与生产分工与合作，经济发展水平快速提高，由此创造了"东亚奇迹"。若不遵循比较优势原则，即使短期内可以获得收益，从长期来看，也必定损害国家的经济利益和长远发展规划。目前，日渐增多的制度性安排等因素对国际合作生产及贸易存在一定程度的干预和影响，但是政府干预下的国际贸易仍需要遵循降低成本、收益最大化的原则，否则各国政府便难以获得制度性合作等干预政策的预期收益。

鉴于比较优势对产品内国际生产分工的重要意义，在东亚机械工业生产体系不断演化和各经济体比较优势动态变化的背景下，探究比较优势与经济体生产分工状况的匹配情况，评估东亚机械工业的生产分工是否充分发挥了经济体比较优势的作用，是具有理论和现实意义的重要课题。这一研究有利于东亚各经济体充分发挥自身比较优势潜能，更好地参与东亚生产网络，并推动东亚区域的共同繁荣。

前文分别对东亚机械工业的生产分工状况和各主要经济体的比较优势进行了描述和分析，本章则主要对生产分工状况与比较优势的匹配情况进行评判，主要结构安排如下：第一节重点强调比较优势与东亚生产网络的关系；第二节为全球重要经济体生产分工与比较优势的对应分析，基于全球重要经济体的比较优势特征和生产分工的对应情况，构建国际生产分工的比较优势评判标准，用以对东亚机械工业生产分工状况进行评判；第三节是东亚机械工业生产分工状况评判，即基于前述国际生产分工比较优势评判标准，运用系统耦合理论构建灰色关联系统耦合模型，对东亚机械工业生产分工状况与比较优势的匹配情况进行评估。

第一节 比较优势与东亚生产网络的关系

学者们基于比较优势的多样性动因，研究国际贸易的规模、模式及贸易结构等，肯定了比较优势与国际贸易的重要关联。东亚迅猛发展的区域性分工合作生产、零部件贸易，以及这些条件下地区经济的飞速增长都得到国内外各界的广泛关注，许多国内外学者也基于比较优势演化的视角，研究其与东亚生产网络的关系。

一、比较优势是东亚“雁行模式”的基石

起初，东亚区域产业分工表现为“雁行模式”，比较优势是“雁行模式”形成与发展的基石。史龙祥（2006）从比较优势的角度分析东亚经济发展从“雁行模式”到“后雁行模式”的变迁，但仅局限于产业间和产业内贸易的层次，并且未对比较优势的来源进行研究。学术界普遍认为，东亚各经济体所处经济发展阶段不尽相同，从而在劳动力要素成本、人力资本成本、产业技术水平等方面存在很大差别，形成了比较优势差异。在市场机制的作用下，东亚各经济体基于比较优势的原则，自发形成了东亚生产贸易体系，并成就了“东亚奇迹”。林毅夫等（1999）认为，“东亚奇迹”的产生是由于政府在经济发展的不同阶段制定了符合自身比较优势的产业政策。

之后，国际生产分工持续深化，东亚区域垂直生产分工体系逐渐增强，区域内的发达经济体发挥其在资本、技术密集型生产阶段的优势，发展中国家则发挥其在资源、劳动力成本上的优势，形成优势互补性比较强的生产合作体系。Ng 和 Yeats（2003）基于东亚区域的零部件统计数据，分析东亚产品内分工扩大的原因，证明各经济体从事不同工序生产取决于各自的比较优势。Kimura 等（2007）利用引力模型，比较了

东亚和欧洲的产业内及产品内国际贸易模式，认为比较优势理论适合解释东亚区域的分工与贸易，而规模经济理论适合解释欧洲国家的分工与贸易。Haddad（2007）利用东亚各经济体的经济数据，实证考察了东亚地区的梯度产业分工模式。我国学者刘重力等（2009）得出了类似的研究结论，不同之处在于，他们的研究依据为东亚各经济体技术水平的梯度差异。于津平（2003）、石柳和张捷（2013）都在研究后证实了东亚各经济体的比较优势与经济体之间的贸易互补性存在重要的相关关系。上述研究奠定了比较优势与东亚生产网络的密切联系。

二、比较优势与东亚区域制度性经济合作的权衡

“二战”以后，东亚区域建立了以日本为核心的“雁行模式”，并在市场机制作用下自发形成了东亚经济圈，均以比较优势为基础，并且推动了东亚区域经济的飞速发展。诚如林毅夫等（1999）的研究，只有在经济发展的每个阶段都充分发挥当时资源禀赋的比较优势，才能维持持续的经济增长。但是，自发形成的具有非制度性特征的东亚生产网络逐渐演化，当前世界经济进入新一轮调整期，东亚地区在加快推进以制度性合作为特征的东亚区域经济一体化进程（Urata，2004；张帆，2003；彭支伟、刘钧霆，2012）。这一进程的推进依赖自由贸易区建设、货币金融合作及区域政治合作等。许多文献对东亚经济一体化合作战略进程进行了研究（McKinnon 和 Schnabl，2003；Urata，2004；Dee，2007），相对而言，比较优势理论和原则的重要性有所削弱。

东亚经济一体化合作主张用“制度主导”代替“市场主导”，尽管加强东亚区域内经济体的制度性经济合作没有明确反对比较优势原则，然而对政府干预等的过度强调和重视，势必削弱比较优势原则，仅有少数学者注重比较优势理论。例如，陈霜华（2005）指出，中、日、韩等国与东盟经济体贸易品的比较优势及资源优势是进行次区域合作的基础。目前来看，阻碍东亚经济深入合作的各种内外部困难仍然存在，真正的地区合作“制度性”组织和基本原则还没有建立。

第二节　全球重要国家生产分工与比较优势的对应分析

本节旨在基于全球重要经济体的比较优势特征和生产分工的对应情况，构建国际生产分工的比较优势评判标准。具体来说，需要结合全球重要经济体在机械工业各生产阶段生产优势的 RSCA 指数及其聚类分析结果，以及刻画经济体特征的比较优势主要载体的综合得分序列，进行对应分析和优势经济体群组的计量检验，得出对不同生产阶段产品生产优势形成最有影响的核心因素，即得出不同生产环节产品群的核心比较优势。基于此，形成国际生产分工的比较优势评判标准，为后续评判东亚机械工业生产分工状况与比较优势的匹配情况奠定基础。

一、全球重要经济体机械工业生产分工状况分析

前文对全球重要经济体在机械工业各生产阶段的生产优势进行了聚类分析，结果汇总于附表 1.2 至附表 1.4。基于此，本节对全球重要经济体机械工业的生产分工状况进行分析。我们选取机械工业生产分工体系作为研究对象，而机械工业的技术属性等因素本身就会对生产分工状况产生一定影响。美国、德国、法国等发达国家在整个研究期内，在机械工业各生产阶段都具有较强的生产优势，这与其机械工业的发达水平相吻合。相应地，沙特阿拉伯、哈萨克斯坦、阿尔及利亚等国家普遍在各个生产阶段都具有绝对的生产劣势，这可能与其资源禀赋和行业发展战略有关。虽然行业的特殊性对分析部分国家（地区）在各生产阶段的生产状况会形成制约，但仍可在一定程度上显示大部分国家的生产分工状况，从而描绘多数重要经济体（包括东亚地区）在不同生产阶段的产品生产优势及其变化特征。

具体而言，在复杂零部件、精密零部件产品和资本品生产阶段，生产优势最强的地区是北美洲、欧洲发达国家以及亚洲的日本，它们主导着高技术含量和复杂生产环节及产品的生产，这一情形与传统的研究并

无二致。全球生产分工体系中的价值链核心环节的生产仍然由美国、德国、日本等先进国家主导。2013 年，在附加值比较低的简单零部件生产环节，中国和菲律宾成为全球最具有生产优势的经济体，泰国、马来西亚也具有比较高的生产优势，亚洲大部分地区仍然为低成本地区，在全球生产分工体系中主要在技术含量偏低或劳动密集型的生产工序进行专业化生产，在国际分工的利益分配中获得的份额较小，处于价值链中附加值较低的位置。

二、经济体的比较优势分析

前文基于比较优势的多样性构建细分比较优势来源的指标体系，运用因子分析法分别对比较优势主要载体的影响指标进行处理和分析，获得经济体各比较优势载体的综合得分情况。附表 1.5 整理了 2013 年全球重要经济体比较优势主要载体的得分统计结果①，据此对 2013 年全球经济体的比较优势状况进行初步分析。从表中可以看出：从劳动力成本优势来看，得分最高的是中国、卡塔尔、新加坡、泰国和越南等经济体，它们在劳动力成本方面具有比较优势。中国的人口老龄化结构并未产生较大影响。目前来看，东亚区域的劳动力成本仍占据绝对的优势地位。相对而言，得分较低的国家为尼日利亚、阿尔及利亚、南非、土耳其及意大利等。

从物质资本优势方面来看，经济发展到一定程度，物质资本的边际增长效应逐渐递减，人力资本等其他资本的投资逐渐取代物质资本投资。通常而言，发展中国家的物质资本比较优势相对较高，并且利用外资的巨大规模也保证了物质资本的积累。2013 年的有关统计数据显示，中国、阿尔及利亚、印度尼西亚，以及马来西亚、菲律宾、印度等国具有较高的物质资本优势，而意大利、荷兰、葡萄牙等国的物质资本优势相对较弱。

① 鉴于本书的研究主旨和篇幅限制，附表 1.5 仅列出全球重要经济体 2013 年各比较优势载体的综合得分，并对其比较优势状况进行分析，未列出 1996—2012 年的结果。

从人力资本优势方面来看，美国、挪威、丹麦、芬兰，以及瑞士、澳大利亚和荷兰等国在2013年的得分情况最佳。这些国家注重教育行业的发展和各行业以及各种类型人才的开发与利用，并在社会医疗保健体系的标准上保持先行，在人力资本发展方面具有较高的比较优势，这有助于推动经济的可持续发展。而中国、阿尔及利亚、印度尼西亚、印度及菲律宾等国则迫切需要改善人力资本条件，以提高经济增长的质量和可持续性。

从技术优势方面来看，日本、韩国、美国、瑞典、芬兰及瑞士等国得分最高，这些发达经济体的技术先进程度一直遥遥领先于世界其他国家，引领和推动着国际世界向高技术方向发展。值得注意的是，中国的科研创新努力也取得了一定的成效。2013年，中国的技术优势因子得分在全球重要经济体中排在第17位，这对于一个长期以加工组装制造的低端方式嵌入全球价值链的国家来说，是显著的进步。

从制度质量优势方面来看，瑞典、澳大利亚、丹麦、荷兰、芬兰、德国和英国等国得分较高。值得一提的是，北欧诸国的表现最佳。众所周知，北欧国家的法律体制相当完善，北欧国家之间在共同经验的基础上合作形成了完善的法律体系，并且在反腐败方面的立法相当成熟。总之，北欧国家高度的民主和权威的法制在一定程度上促进了北欧诸国经济竞争力的提高。中国、印度尼西亚、印度、尼日利亚、菲律宾和越南在制度质量优势方面的得分较低，在制度改革方面具有较高的必要性和迫切性。

我们将进一步针对全球重要经济体在机械工业的生产分工状况及比较优势特征进行对应分析，提取各生产环节优势经济体群组的核心比较优势，以便构建国际分工的比较优势评判标准，为后续研究奠定基础。

三、优势经济体群组的比较优势特征检验

基于前文全球重要经济体在机械工业生产阶段的RSCA指数聚类分析结果，可以获取在各生产阶段最具生产优势的经济体群组。针对优势经济体群组进行比较优势特征检验，可以得出描述经济体特征的比较优

势主要载体指标中对各生产阶段生产优势形成最有影响的核心因素，即得出不同生产阶段产品群的核心比较优势，进而可以构建国际生产分工的比较优势评判标准。

（一）计量检验模型的构建

前文运用因子分析法，对细分比较优势来源的指标体系进行处理，萃取得到少量的、信息质量较高的公因子，以综合反映各经济体比较优势主要载体的情况。本节基于比较优势各主要载体的综合得分情况及全球重要经济体在产品内分工各生产阶段的聚类分析结果，针对各生产阶段的优势经济体群组①构建计量检验模型，进行面板回归分析，以得出各生产阶段的核心比较优势因素。

1. 简单零部件生产阶段

简单零部件生产阶段处于价值链生产分工中的低端位置，该阶段的产品技术含量和附加值通常比较低，多数体现为劳动力密集型或资源密集型产品。在此阶段进行专业化生产获得的国际贸易收益份额相对较低，并且长期处于价值链低端位置分工环节的专业化生产较容易面临“低端锁定”的风险，会对经济体自身的产业结构升级及经济可持续发展产生抑制作用。我们对各样本研究期的聚类分析结果显示，机械工业简单零部件生产阶段的优势经济体群组包括中国、泰国、马来西亚、菲律宾、新加坡、中国香港、捷克共和国、印度、波兰、德国、法国、匈牙利、意大利、美国、英国、日本、西班牙。我们以优势经济体群组为样本构建面板数据模型，对比较优势各主要载体的分工影响进行计量检验。计量检验方程如下：

$$\mathrm{RSCA}_{it}=\alpha_0+\alpha_1\mathrm{Labor}_{it}+\alpha_2\mathrm{Phcapi}_{it}+\alpha_3\mathrm{Hucapi}_{it}+\alpha_4\mathrm{Tech}_{it}+\alpha_5\mathrm{Insti}_{it}+\varepsilon_{it} \tag{5.1}$$

其中，被解释变量 RSCA_{it} 表示 i 经济体在 t 时期简单零部件产品的显示性对称比较优势指数；Labor_{it} 表示 i 经济体在 t 时期的劳动力成本优势

① 凡在某一样本期的聚类分析结果中被划归第 I 大类最具优势的经济体，均可视作优势经济体群组。

的因子分析得分；$Phcapi_{it}$表示 i 经济体在 t 时期的物质资本优势的因子分析得分；$Hucapi_{it}$表示 i 经济体在 t 时期的人力资本优势的因子得分；$Tech_{it}$表示 i 经济体在 t 时期的技术优势得分；$Insti_{it}$表示 i 经济体在 t 时期的制度质量优势的因子分析得分；ε_{it}表示随机扰动项。

2. 复杂零部件生产阶段

复杂零部件与简单零部件相比，具有更高的附加值和技术含量。在复杂零部件生产阶段，具有专业化生产优势的经济体通常代表着在全球价值链生产分工中具有较高的分工地位。许多发展中国家不断进行产业结构升级，并采取技术变革等国家战略措施，试图更多地参与价值链生产中具有高附加值的生产环节。复杂零部件生产阶段是提升经济体在价值链生产分工中所处位置的进阶阶段。本节进一步进行实证检验，分析决定该阶段生产优势的核心影响因素。根据前一章的聚类分析结果，机械工业复杂零部件生产阶段的优势经济体群组包括美国、英国、日本、德国、法国、意大利、奥地利、中国、捷克共和国、匈牙利、瑞典、瑞士、波兰、新加坡和西班牙。我们以优势经济体群组为样本构建计量检验模型，具体的面板数据模型与简单零部件生产阶段的检验方程相似，因变量 $RSCA_{it}$表示 i 经济体在 t 时期复杂零部件产品的显示性对称比较优势指数。

3. 精密零部件生产阶段

精密零部件生产阶段具有最高的技术含量和附加值，其产品生产投入的成本非常高，包含高额的研发投入，产品生产的可复制性低、模仿难度大。在精密零部件生产阶段，具有专业化分工优势的经济体通常位于全球价值链分工的高端位置。机械工业精密零部件生产阶段的优势经济体群组包括美国、英国、日本、德国、法国、意大利、奥地利、瑞士、瑞典、捷克共和国、荷兰、新加坡和丹麦。与前文相似，我们仍以优势经济体群组为样本构建面板数据模型，被解释变量为经济体精密零部件产品的显示性对称比较优势指数，解释变量的经济含义同上。

4. 半成品生产阶段

半成品生产阶段是产品生产过程中的重要阶段。结合前文的聚类分析结果，半成品生产阶段的优势经济体群组主要包括中国、德国、中国香港、瑞士、捷克共和国、美国、法国、匈牙利、韩国、马来西亚、波兰和新加坡。我们仍以优势经济体群组为样本构建面板数据模型进行计量检验。

5. 资本品生产阶段

资本品生产阶段作为最终产品的生产阶段，生产过程中涉及较多中间产品的投入，产品多为资本和技术密集型产品。资本品生产阶段的专业化分工优势对经济体进行产业结构的优化升级和经济增长都具有重要的推动作用。机械工业资本品生产阶段的优势经济体群组包括美国、英国、日本、德国、法国、意大利、奥地利、瑞士、中国、捷克共和国、丹麦、瑞典和西班牙。在面板数据模型中，被解释变量为经济体资本品的显示性对称比较优势指数。

6. 消费品生产阶段

机械工业消费品生产阶段的优势经济体群组包括中国、中国香港、意大利、奥地利、荷兰、美国、英国、德国、法国、波兰、新加坡、比利时、瑞典、西班牙和泰国。该阶段生产的是最终产品，与简单零部件生产阶段相似，由于其附加值相对较低，因此该阶段具有专业化分工优势的经济体在国际生产分工和贸易中获得的收益份额较低，通常位于价值链分工的低端位置。同样地，我们以优势经济体群组为样本构建面板数据模型，探求消费品生产阶段的核心比较优势因素。

（二）计量检验结果的初步分析

在构建模型进行实证分析的过程中，往往会由于指标量化的限制、样本选择的偏误及研究人员考量的局限性等难以避免的原因，出现模型中遗漏变量的问题。要解决因个体差异导致的遗漏变量的问题，需考虑个体固定效应，类似地，引入时间固定效应可以避免随时间而变的遗漏变量的问题。本节采用既考虑个体固定效应又考虑时间固定效应的双向固定效应（Two-way FE）模型，具体的计量检验结果见表 5. 1。

表 5.1 各生产阶段优势经济体群组的计量检验结果

变量	简单零部件	复杂零部件	精密零部件	半成品	资本品	消费品
Labor	0.384*** (0.0450)	-0.043 (0.0305)	-0.052 (0.0390)	0.287*** (0.0270)	0.008 (0.0232)	0.126** (0.0336)
Phcapi	0.025** (0.0106)	0.011 (0.0188)	0.062** (0.0295)	-0.021 (0.0180)	0.237*** (0.0706)	0.034** (0.0163)
Hucapi	0.002 (0.0610)	0.063*** (0.0221)	0.156*** (0.0279)	0.092 (0.0257)	0.096 (0.0831)	-0.050 (0.0840)
Tech	0.109** (0.0499)	0.099*** (0.0228)	0.058* (0.0325)	-0.100*** (0.0328)	0.223*** (0.0560)	-0.105* (0.0619)
Insti	0.020 (0.0234)	0.041*** (0.0158)	0.046** (0.0198)	0.010 (0.0159)	0.023 (0.0212)	0.108*** (0.0294)
cons	-0.334*** (0.0231)	-0.131*** (0.0128)	-0.420*** (0.0581)	-0.172*** (0.0285)	-0.490*** (0.0568)	-0.383*** (0.0470)
样本数	306	270	234	216	234	270
R^2	0.478	0.442	0.424	0.437	0.436	0.298
F 统计量	24.66***	38.65***	37.81***	49.15***	38.49***	23.49***
个体效应	YES	YES	YES	YES	YES	YES
固定效应	YES	YES	YES	YES	YES	YES

注：括号内的统计量为标准误，*、**、***分别表示通过10%、5%和1%显著性水平上的检验。

我们对比较优势各主要载体对经济体生产分工状况的边际影响进行了详细的分析与阐释。在机械工业简单零部件生产阶段，劳动力成本优势的边际影响系数最高，达到0.384，并且通过了1%的显著性水平检验。相比之下，技术优势和物质资本优势的影响较弱，边际影响系数分别为0.109和0.025，人力资本优势和制度质量优势的影响并不显著，这与我们的预期基本一致。由于机械工业简单零部件生产阶段的生产对高水平人力资本和制度保障的需求相对较低，而对传统的劳动力和资本要素，以及技术的需求则较高。

进一步分析机械工业半成品与消费品生产阶段，这两个生产阶段的检验结果具有一定的相似之处，即劳动力比较优势具有最高的边际影响系数，同时技术优势的影响系数均显著为负。这两个生产阶段的技术含量偏低，产品复杂度较低，不具有不可复制的技术级别，需要投入使用较多的低级生产要素，因此，技术水平较高的企业参与此阶段的生产将会受到限制。劳动力成本优势具有较大的正向影响，技术优势具有抑制作用并不难理解。这两个生产阶段不同的是，半成品生产阶段其他方面比较优势的影响并不显著，消费品生产阶段制度质量优势体现出较大的边际影响，这可能是因为机械工业的消费品为最终产品，生产过程涉及契约密集的中间品交易环节，对保障交易成本和交易便利性的制度因素具有较高的要求，因此制度质量的改进有助于促进消费品环节的生产优势。物质资本因素对消费品生产优势也具有一定程度的正向影响。

我们发现，对机械工业的复杂零部件生产阶段最具影响的核心要素是技术优势，边际影响系数为0.099，并且通过了1%的显著性水平检验。复杂零部件生产阶段对生产工艺和技术的要求比简单零部件生产阶段要高，并且人力资本优势与制度质量优势的影响系数显著为正。人力资本与制度条件保障复杂零部件生产阶段的生产，与技术因素共同提升复杂零部件生产阶段的生产优势。

通过观察精密零部件生产阶段生产优势的影响因素，我们发现，对于这一分工环节的生产，最重要的影响因素为人力资本优势。人力资本因素对提升一国在精密零部件生产阶段的生产优势具有显著的正向推动作用，边际影响系数为0.156。精密零部件生产阶段对劳动者的技能和知识的要求最为严格。人力资本是指凝结在劳动力身上的知识、技能和健康等因素的总和，高水平的人力资本能够保障精密零部件的研发和生产。人力资本作为经济高质量增长和可持续发展的重要因素，受到各政府的广泛重视。仅次于人力资本优势的边际效应，技术进步也是精密零部件生产阶段优势提升的促进因素。此外，制度质量和物质资本优势也发挥了正向的保障和促进作用。

资本品生产阶段与消费品生产阶段的产品均属于最终产品，两者的主要区别在于消费品用于消费者的直接消费，而资本品多用于产品的生产过程，相比之下，资本品生产阶段整体上比消费品生产阶段具有更高的技术水平。与资本品的生产特性一致，在资本品生产阶段，最具影响的因素是物质资本优势，其次是技术优势，边际影响系数分别为0.237和0.223，其他因素的影响并不显著。

四、国际生产分工的比较优势评判标准

根据前文对机械工业各生产阶段的优势经济体群组的计量检验结果，以及对计量结果的阐述和分析，初步得到各生产阶段的重要比较优势因素（见表5.2），从而可以构建国际生产分工的比较优势评判标准。构建国际生产分工比较优势评判标准的意义在于，可对东亚区域内各主要经济体的机械工业生产分工状况及其与比较优势的匹配情况进行评估分析，探究其是否充分发挥了比较优势的作用，寻求经济体生产优化的路径。

表5.2　机械工业国际生产分工的比较优势评判标准

生产阶段	促进性比较优势因素	核心比较优势因素
简单零部件	劳动力优势>技术优势>物质资本优势	劳动力成本优势
复杂零部件	技术优势>人力资本优势>制度优势	技术优势
精密零部件	人力资本优势>技术优势>制度优势>物质资本优势	人力资本优势
半成品	劳动力优势	劳动力成本优势
资本品	物质资本优势>技术优势	物质资本优势
消费品	劳动力优势>制度优势>物质资本优势	劳动力成本优势

从机械工业各生产阶段比较优势评判标准的对应情况来看，与简单零部件、半成品和消费品生产阶段的分工优势对应的核心要素是劳动力成本比较优势。一国或地区具有丰裕的劳动力要素，形成了劳动力的相对低成本优势，在参与机械工业价值链生产分工的过程中，对消费品、半成品和简单零部件的生产分工便具备了相对的优势条件。对复杂零部件生产阶段而言，技术优势是评判一个经济单元能否在该环节形成生产优势的重要标准。也就是说，若一国或地区在技术进步或技术改革方面具有先进的水平，那么其在复杂零部件生产环节更可能具有相对比较优势或者较高的发展潜力，只是有待发掘和利用。从精密零部件生产阶段

来看，人力资本标准是衡量一国或地区是否能在此生产阶段形成优势地位的重要因素。在经济增长理论框架下，人力资本是经济持续、稳定、快速发展的关键性高级生产要素，对推动整体经济的高水平发展具有不可忽视的作用。在资本品生产阶段，最具影响的核心要素是物质资本比较优势。

本节基于全球重要经济体机械工业生产分工状况与比较优势的对应分析，初步形成了机械工业国际分工各生产阶段的比较优势评判标准，并基于此比较优势评判标准对东亚机械工业生产体系下各主要经济体的分工状况与比较优势的匹配情况进行评估，探究东亚各经济体参与机械工业的生产分工是否充分体现了其比较优势经济特征的作用，探索待发掘的比较优势潜力。在此基础上，可进一步研究东亚生产网络中各经济体的分工优化战略。

第三节　东亚机械工业生产分工状况评判

在上一节中，我们基于全球重要经济体的比较优势特征和生产分工的对应情况构建国际生产分工的比较优势评判标准，得到产品内国际分工各生产阶段最具影响力的核心比较优势因素。本节进一步采用系统耦合模型分析方法，对东亚经济体机械工业生产分工状况与比较优势的匹配情况进行评判，探索各经济体机械工业生产分工状况与比较优势协同演化机制及协调发展的制约因素。

一、系统耦合模型

（一）方法原理说明

“耦合”最初为物理学中的概念。系统是指为了实现规定目标，由相互依赖、相互影响的多种要素组成的集合体。某一要素的变化将会影响其他要素乃至系统整体。两个系统中的某些物理变量，会随着时间或者空间的积分进行物理量的变换。由于系统中存在着能量、信息等的相互作用和影响，就形成了一个相互协调和影响的系统，即“耦合系统”，表现出一系列特征和协同进化的发展趋势。系统耦合反映两个系统之间相互影响、相互依赖、相互促进的动态关联关系（王晓红、张宝生，2011）。系统耦合理论以系统论、控制论、协同学、系统动力学等系统科学理论为基础，主要研究耦合系统关系的协调、反馈和发展的机理。随着学科的交叉融合，以及对现实问题研究的逐步深入，系统耦合分析方法被广泛应用于农业、生物、生态、地理等领域的各种研究中，学者们也尝试从系统耦合的角度研究经济等社会科学领域的适用性问题（吴跃明等，1996；吴文恒、牛叔文，2006）。

系统内部各变量的协同作用使系统由无序逐渐向有序过渡。系统耦合是多系统持续、协调发展的前提。从系统耦合关系出发，可以很好地研究复合系统的可持续发展。为了分析两大系统内部各因素之间相互作用的结果，本书基于灰色系统理论，采用灰色关联分析方法计算关联度矩阵，并在此基础上构建相互关联的系统耦合模型。灰色系统理论是由邓聚龙教授提出的系统科学理论。灰色系统是指“部分信息已知，部分信息未知”的“小样本”“贫信息”的不确定性系统。通过对部分已知信息进行分析，可实现对系统演化规律的科学描述。具有典型灰色系统特征的有社会系统、经济系统、农业系统、生态系统等一般的抽象系统，这些系统都包含许多种因素，多种因素共同作用的结果决定了该系统的发展态势。通过对灰色关联耦合模型的分析，可以探究众多因素中对系统发展影响较大的因素、对系统发展起推动作用的需加强的因素，以及对系统发展起阻碍作用的需抑制的因素（刘思峰，2004；田民，2008；刘耀彬、宋学锋，2005）。

传统数理统计中的回归分析、方差分析以及主成分分析等都是用来进行系统特征分析的方法，但数理统计中的分析方法往往需要大量数据样本，且服从特定的分布。灰色关联分析方法弥补了采用数理统计方法进行系统分析导致的缺憾。灰色关联分析的基本思想，是根据序列曲线几何形状的相似程度来判断其联系是否紧密。曲线越接近，相应序列之间的关联度就越大；反之，就越小。无论样本量多少，样本有无规律，灰色关联分析都适用。

（二）构建灰色耦合模型

本节基于前文的国际生产分工比较优势评判标准及系统耦合理论，将机械工业生产分工系统与比较优势特征系统作为综合目标体系，利用日趋完善的系统理论、耦合理论、比较优势理论等理论与方法体系，评估东亚经济体机械工业的生产分工状况与比较优势的匹配情况，研究东亚经济体的生产分工是否充分发挥了比较优势的作用，探讨东亚机械工业生产分工系统与比较优势特征系统发展的耦合演化机制，以及协同发展的限制因素等。

1. 系统指标序列

构建灰色系统耦合模型首先要确定系统的相关指标序列，具体的机械工业生产分工与比较优势特征系统的相关指标序列见表 5.3。

表 5.3　机械工业生产分工与比较优势灰色耦合系统的指标序列

机械工业生产分工系统序列组（IP）	比较优势特征系统序列组（CA）
简单零部件（IP_1）	劳动力成本（CA_1）
复杂零部件（IP_2）	物质资本（CA_2）
精密零部件（IP_3）	人力资本（CA_3）
半成品（IP_4）	技术（CA_4）
资本品（IP_5）	制度质量（CA_5）
消费品（IP_6）	

资料来源：根据 UN Comtrade 和世界银行的数据整理计算得到。

2. 灰色关联度

如果系统中的两个因素序列表现出较为同步的变化，或者具有较为一致的变化趋势，便可认为这两个因素序列的关联较大；若两个因素变化的同步性较差，变化趋势相距较远，可认为两者关联度较小。灰色关联分析通过对系统统计数列几何关系的比较来判断系统中多因素的接近程度，对要素随时间或不同对象而变化的关联性进行测度，适合对系统动态发展过程进行分析（吴文恒、牛叔文，2006；杜湘红，2014）。本书构建机械工业生产分工与比较优势特征系统的耦合度模型，应用邓氏灰色关联度进行具体分析。

系统内的多样化因素相当复杂，不同的因素数列并不适合直接进行比较。鉴于量纲等多种原因，进行系统分析时，需要对系统内的诸要素序列进行标准化处理。因此，在进行灰色关联分析时，首先要进行标准化（无量纲化）的数据处理。本书沿袭毕其格等（2007）的标准化处理做法，采用极差标准化的方法对各分析序列组的指标数据进行无量纲化处理：

$$IP'_i=(IP_i-IP_{min})/(IP_{max}-IP_{min}) \tag{5.2}$$

$$CA'_j=(CA_j-CA_{min})/(CA_{max}-CA_{min}) \tag{5.3}$$

其中，IP'_i 表示机械工业生产分工系统 i 指标的标准化序列；CA'_j 表示比较优势特征系统 j 指标的标准化序列；IP_i 表示机械工业生产分工系统 i 指标的原始序列；CA_j 代表比较优势特征系统 j 指标的原始序列；IP_{max}、IP_{min}、CA_{max}、CA_{min}分别表示两大子系统指标序列的最大值和最小值。

然后，计算作为灰色关联度和耦合度基础的邓氏关联系数：

$$\xi_{ij}(t)=\frac{\min_i\min_j|IP'_i(t)-CA'_j(t)|+\alpha\max_i\max_j|IP'_i(t)-CA'_j(t)|}{|IP'_i(t)-CA'_j(t)|+\alpha\max_i\max_j|IP'_i(t)-CA'_j(t)|} \tag{5.4}$$

其中，ξ_{ij}（t）表示 t 时刻机械工业生产分工系统 i 指标与比较优势特征系统 j 指标之间的关联系数；IP'_i（t）和 CA'_j（t）分别表示 t 时刻机械工业生产分工系统 i 指标与比较优势特征系统 j 指标的标准化值；α 表示分辨系数，为了提高关联系数之间差异的显著性，通常取值 0.5。

最后，求解关联度。灰色关联度 δ 的表达式为

$$\delta_{ij}=\frac{1}{k}\sum_{j=1}^{k}\xi_{ij}(t) \quad (t=1,\ 2,\ 3,\ \cdots,\ k) \tag{5.5}$$

其中，δ_{ij}表示机械工业生产分工系统 i 指标和比较优势特征系统 j 指标的关联度；$\xi_{ij}(t)$ 表示 t 时刻机械工业生产分工系统 i 指标和比较优势

特征系统 j 指标之间的关联系数。

3. **系统耦合度**

在灰色关联度矩阵基础上，可以得到系统耦合模型，并计算系统耦合度。

$$D_i = \frac{1}{m}\sum_{j=1}^{m}\delta_{ij} \quad (i = 1, 2, 3, \cdots, n;\ j = 1, 2, 3, \cdots, m) \tag{5.6}$$

$$D_j = \frac{1}{n}\sum_{i=1}^{n}\delta_{ij} \quad (i = 1, 2, 3, \cdots, n;\ j = 1, 2, 3, \cdots, m) \tag{5.7}$$

以上两式中，D_i 表示机械工业生产分工系统的 i 指标与比较优势特征系统的平均关联度；D_j 表示比较优势特征系统的第 j 指标与机械工业生产分工系统的平均关联度；m、n 分别表示两个系统的指标数。此外，为了从整体上分析系统耦合的协调程度，我们利用式（5.8）求解生产分工-比较优势系统的耦合度：

$$C(t) = \frac{1}{n \times m}\sum_{i=1}^{n}\sum_{j=1}^{m}\delta_{ij}(t) \tag{5.8}$$

二、生产分工与比较优势的匹配性检验及分析

在了解东亚经济体机械工业生产分工状况与比较优势匹配情况的基础上，我们构建灰色系统耦合模型，分别对各经济体生产分工和比较优势的系统子序列协调发展关系的匹配性进行检验，并结合国际生产分工的比较优势评判标准评估和分析生产分工与比较优势的协同发展情况。通过评判东亚各经济体的比较优势演化与生产分工状况的匹配情况，审视其生产分工状况是否充分发挥了比较优势的作用，是否有利于经济个体充分利用自身比较优势潜力，在生产体系重构的进程中占据对自身有利的位置，并实现了分工利益的最大化，以及东亚命运共同体的可持续发展。

（一）日本

前文对日本机械工业生产分工状况的统计结果显示：由于日本的工业化起步较早，发展水平较高，其在机械工业的多个生产阶段均表现出较高的优势特征。2013 年，除了消费品和简单零部件生产阶段，日本在其他生产阶段均具有全球Ⅰ类的生产优势，长期在复杂零部件、精密零部件和资本品生产阶段具有绝对的生产优势。在东亚机械工业生产分工体系中，日本无疑是技术担当的角色。

日本的比较优势分析表明：日本曾经具有东亚区域遥遥领先的技术水平，但近年来其技术优势逐渐弱化。2013 年，其技术优势水平已被稳步上升的韩国赶超；劳动力成本和物质资本优势显著下降，人力资本水平也略有下降；制度质量优势有所改善，制度作为高级化的比较优势因素，其形成的社会约束能够降低交易成本，促进经济活动的高效运行，平衡内部和外部收益，激励经济个体的创新性行为，抑制个体的机会主义等，制度改革是提升贸易附加值和在价值链中生产分工位置的重要保证。

基于日本机械工业生产分工的子系统和其比较优势特征子系统构建灰色系统耦合模型，通过对系统的相关指标序列及灰色关联耦合模型的计算，可以求出系统内部指标序列之间的邓氏关联系数、指标序列与子系统之间的平均关联度及系统耦合度，具体的计算结果见表 5.4。基于日本机械工业生产分工状况、比较优势状况及国际生产分工的比较优势评判标准，结合表 5.4 的系统耦合结果，可对日本在机械工业生产分工过程中是否充分发挥了比较优势的作用进行评估，探究日本参与区域生产分工的比较优势潜力和制约因素。

表 5.4 中的系统指标序列关联度矩阵反映了日本机械工业生产分工与比较优势系统的耦合发展情况，其中灰色关联度的数值体现出比较优势系统中哪些因素与机械工业生产分工的耦合作用明显、协同发展关系密切。通常 δ_{ij} 位于区间［0，1］，表示正向关联性，数值越大，表示关联性越大，耦合作用越强。耦合分析方法的实证思路不同于传统实证方

法，它能以系统论的思想综合而全面地分析不同变量之间的协同变动，而不用考虑变量之间的因果关系。

表 5.4　日本机械工业生产分工与比较优势灰色耦合系统的关联度和耦合度

生产阶段	劳动力成本（CA_1）	物质资本（CA_2）	人力资本（CA_3）	技术（CA_4）	制度质量（CA_5）	平均关联度
简单零部件（IP_1）	**0.7573**	0.7334	0.6609	0.6698	0.5978	0.6838
复杂零部件（IP_2）	0.6943	0.7321	0.7107	**0.6166**	0.6370	0.6781
精密零部件（IP_3）	0.7161	0.7347	**0.6855**	0.6581	0.6701	0.6929
半成品（IP_4）	**0.7262**	0.7711	0.6576	0.6909	0.6098	0.6911
资本品（IP_5）	0.7582	**0.7243**	0.6448	0.6655	0.5826	0.6751
消费品（IP_6）	**0.7841**	0.7097	0.6413	0.7174	0.5772	0.6859
平均关联度	0.7394	0.7342	0.6668	0.6697	0.6124	
耦合度	0.6845					

注：灰色关联度统计结果通过灰色关联分析软件处理得到，进一步可计算出耦合度统计结果。根据国际生产分工的比较优势评判标准，对各生产阶段的核心比较优势因素进行加粗标注。

根据表 5.4 的灰色关联耦合分析结果，我们发现，日本参与机械工业生产分工与比较优势系统的耦合作用较为明显，系统耦合度达到 0.6845，系统内部的要素关联度较高。也就是说，日本在参与机械工业生产分工的过程中，其国内的比较优势特征基本上较好地发挥了应有的作用。但是，我们也发现，日本在机械工业复杂零部件生产阶段的生产优势与技术优势的关联度较低，该阶段的生产分工与技术优势的匹配或协调发展关系有待改善。虽然日本在机械工业复杂零部件生产阶段具有绝对的生产优势，但日趋降低的技术水平成为其生产优势保持和提升的制约因素。因此，日本仍需寻求技术突破，只有致力技术创新方面的改善，才能保持其生产优势及在机械工业生产分工格局中的地位。

（二）韩国

根据巴拉萨的国际分工阶梯理论，发达国家与新兴工业化国家位于较高的阶梯位置，它们不断进行产业升级、发展新兴产业，根据边际产业转移理论，向低阶梯位置的落后国家转移自身不具优势的产业，从而带动梯队上升到一个更高的发展层次。[①] 长此以往，国际分工与贸易格局基本上呈阶梯状分布，并遵循这一演化顺序。图 5.1 是巴拉萨的国际分工阶梯理论示意图，第一阶梯为美国、日本等知识与技术密集型的发达国家，第二阶梯为韩国等资本与技术密集型的新兴工业化国家或地区，第三阶梯是中国以及东盟（新加坡除外）等劳动与资本密集型的次级新兴工业化国家，第四阶梯为非洲和南亚等劳动与资本密集型的最不发达的国家。

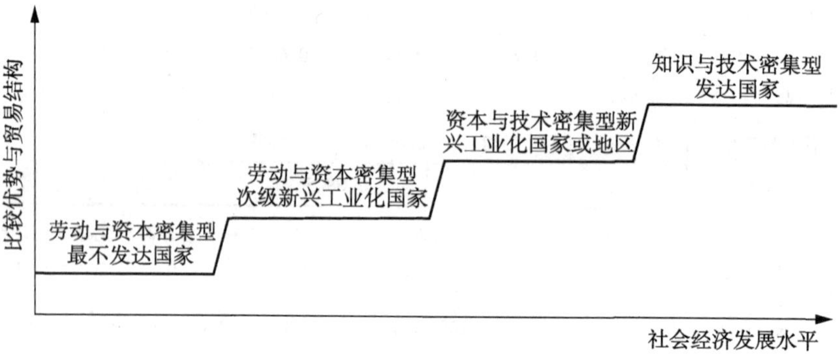

图 5.1　巴拉萨的国际分工阶梯理论

按照韩国的经济发展水平和巴拉萨的国际分工阶梯理论，韩国理应位于较高的分工阶梯，然而我们针对机械工业的生产分工统计分析结果显示，除了 2003 年在半成品生产阶段表现出较佳的生产优势外，在其他阶段，韩国均不具有较高的生产优势，精密零部件生产阶段的生产优势相对最低。

从比较优势主要载体的因子得分情况来看，韩国最显著的特点是技术优势大幅上升，2013 年的技术优势得分已经超过日本。韩国的人力资本水平也有较大幅度的提高，与日本同属东亚区域内高人力资本水平的国家。此外，韩国的制度质量优势的改善幅度较小，传统的物质资本优势下降较为显著，劳动力成本优势也略微表现出下降的趋势。

① 巴拉萨于 1981 年提出“国际分工阶梯论”，认为一国的贸易结构取决于其经济发展水平以及在要素禀赋方面的比较优势。阶梯排序的国际分工与贸易体系便基于此形成。

韩国参与机械工业生产分工与比较优势特征的灰色耦合系统分析结果见表5.5。结合韩国机械工业生产分工状况、比较优势状况及国际生产分工的比较优势评判标准，可对韩国参与机械工业生产分工与比较优势的匹配情况进行评判。

表5.5　韩国参与国际生产分工与比较优势灰色耦合系统的关联度和耦合度

生产阶段	劳动力成本（CA_1）	物质资本（CA_2）	人力资本（CA_3）	技术（CA_4）	制度质量（CA_5）	平均关联度
简单零部件（IP_1）	**0.5919**	0.6674	0.6623	0.6813	0.7008	0.6607
复杂零部件（IP_2）	0.5642	0.6603	0.6544	**0.6622**	0.6712	0.6425
精密零部件（IP_3）	0.6013	0.6740	**0.6539**	0.6665	0.6753	0.6542
半成品（IP_4）	**0.6244**	0.7247	0.7239	0.7361	0.6758	0.6970
资本品（IP_5）	0.5796	**0.6002**	0.6174	0.6258	0.6594	0.6165
消费品（IP_6）	**0.6434**	0.5995	0.6069	0.6161	0.6364	0.6205
平均关联度	0.6008	0.6544	0.6531	0.6647	0.6698	
耦合度	0.6486					

注：灰色关联度统计结果通过灰色关联分析软件处理得到，进一步可计算出耦合度统计结果。根据国际生产分工的比较优势评判标准，对各生产阶段的核心比较优势因素进行加粗标注。

根据表5.5中的灰色关联耦合分析结果，韩国参与机械工业生产分工与比较优势特征系统的耦合度为0.6486，其生产分工与比较优势特征系统的协调发展效果比日本差。根据国际生产分工的比较优势评判标准，劳动力成本优势是简单零部件、半成品和消费品生产阶段的核心影响因素，但劳动力成本优势在简单零部件和消费品生产阶段的系统耦合关联度偏低，在0.6左右，物质资本优势与资本品的关联度也较低。可以说，韩国参与机械工业生产分工对传统要素优势作用的发挥并不充分。传统要素劳动力和物质资本比较优势日渐削弱，成为韩国参与机械工业生产分工与比较优势协调发展的制约因素。韩国机械工业复杂零部件生产与技术优势，以及精密零部件与人力资本优势均显示出较高的耦合关联度，协同发展关系密切。从前述分析可知，韩国的技术优势呈现大幅度提升，人力资本优势也有所提高，这对于促进东亚在机械工业复杂零部件和精密零部件生产阶段生产优势的提高具有重要的推动作用。

（三）新加坡

根据前文的生产优势聚类分析结果，与韩国同为“亚洲四小龙”之一的新加坡，在机械工业各生产阶段的表现较佳。2003 年在零部件和半成品生产阶段、2013 年在复杂零部件和精密零部件生产阶段，韩国均具有全球Ⅰ类的优势，在其余生产阶段基本稳定在第Ⅱ类优势经济体群组。

新加坡比较优势的分析表明，新加坡在劳动力成本方面具有较高的比较优势，而且其技术和制度优势长期以来颇为稳定，保持在较高水平。但是，新加坡的人力资本水平并不高，与韩国和日本有较大的差距。此外，新加坡的物质资本优势呈现出大幅度的下降，这与新加坡大力发展服务业在一定程度上吻合。新加坡参与机械工业生产分工的状况与其国内比较优势系统是否具有协同发展的特征，可通过灰色系统耦合模型做出进一步的分析（结果见表 5.6）。

表 5.6　新加坡参与国际生产分工与比较优势灰色耦合系统的关联度和耦合度

生产阶段	劳动力成本（CA_1）	物质资本（CA_2）	人力资本（CA_3）	技术（CA_4）	制度质量（CA_5）	平均关联度
简单零部件（IP_1）	**0.6740**	0.5711	0.5108	0.7235	0.6911	0.6341
复杂零部件（IP_2）	0.6585	0.6527	0.5109	**0.7293**	0.6437	0.6390
精密零部件（IP_3）	0.7368	0.6281	**0.4532**	0.6783	0.6123	0.6217
半成品（IP_4）	**0.6710**	0.5829	0.5295	0.6427	0.6358	0.6124
资本品（IP_5）	0.6672	**0.5797**	0.6432	0.5646	0.7149	0.6339
消费品（IP_6）	**0.6879**	0.6183	0.6686	0.5750	0.6405	0.6381
平均关联度	0.6826	0.6055	0.5527	0.6522	0.6564	
耦合度	0.6299					

注：灰色关联度统计结果通过灰色关联分析软件处理得到，进一步可计算出耦合度统计结果。根据国际生产分工的比较优势评判标准，对各生产阶段的核心比较优势因素进行加粗标注。

根据表 5.6 的灰色耦合分析结果，新加坡参与机械工业生产分工与比较优势特征系统的耦合度为 0.6299，协调发展的效果低于日本和韩国。根据国际生产分工的比较优势评判标准来看子指标的耦合关联度，劳动力成本方面的比较优势与机械工业简单零部件、半成品和消费品环节的生产优势的灰色关联度较高，劳动力成本优势的作用得到较好的发挥。技术优势与复杂零部件环节生产的耦合关联度为 0.7293，保持了协调发展的良好态势。需要说明的是，新加坡在精密零部件环节的生产优势与人力资本水平的关联度低至 0.4523，精密零部件环节的生产优势与人力资本优势的匹配情况较差。事实上，新加坡的人力资本水平并不高，其在机械工业精密零部件生产阶段的生产优势主要靠发挥技术优势和制度质量优势的作用得以为继。此外，机械工业资本品生产优势与物质资本优势的关联度也较低，仅为 0.5797。可见，新加坡在资本品方面的生产分工状况与物质资本优势的协调发展关系有待改善。

（四）中国

1. 静态分析

作为传统的制造业加工组装平台，中国长期在简单零部件、半成品和消费品生产阶段具有绝对领先的生产优势。值得注意的是，生产优势的聚类分析结果显示，2013 年中国在机械工业复杂零部件和资本品生产阶段的生产优势达到了全球Ⅰ类的较高水平。从中国的比较优势描述性分析中可以看出，中国的劳动力成本和物质资本优势在东亚区域内长期保持绝对领先的水平，在技术进步与创新政策等的促进作用下，国家的技术进步上升趋势明显，尽管如此，与发达国家相比，仍然有一定的距离。此外，中国的人力资本水平略有上升，整体人力资本比较优势仍然较弱，制度改革的成效也并不显著，制度质量的因子得分处于较低水平。

表 5.7 显示，中国的灰色系统耦合度为 0.6328，与日本的系统耦合效果有一定差距。具体而言，根据国际生产分工的比较优势评判标准，资本品生产阶段生产优势的核心影响因素为物质资本优势，中国在机械工业资本品生产阶段的分工状况与物质资本优势的耦合关联度为 0.7111。这说明：中国机械工业资本品生产阶段的分工状况与物质资本优势的匹配性较好，充分发挥了物质资本优势的作用；复杂零部件的生产也较好地发挥了技术优势的作用；消费品生产与劳动力成本

优势，以及精密零部件生产与人力资本优势的匹配性也在合理范围之内。值得注意的是，中国在机械工业简单零部件和半成品生产阶段与劳动力成本优势的耦合关联度非常低，这两个阶段的生产分工并未充分发挥劳动力成本优势的作用。中国虽然面临老龄化问题，以及来自越南、印度尼西亚等发展中国家的低劳动力成本压力，劳动力成本优势仍然是一段时间内的重要优势，在参与机械工业生产分工的过程中，应充分发挥这种优势。与此同时，中国的技术改革和人力资本开发仍需不断加强，并保持与机械工业生产分工的协调发展关系，从而避免由于过度依赖劳动力和资本要素方面的优势而陷入“贫困化增长”或“低端锁定”的窘境。

表 5.7　中国参与国际生产分工与比较优势灰色耦合系统的关联度和耦合度

生产阶段	劳动力成本（CA_1）	物质资本（CA_2）	人力资本（CA_3）	技术（CA_4）	制度质量（CA_5）	平均关联度
简单零部件（IP_1）	**0.5897**	0.7142	0.6303	0.6500	0.5665	0.6301
复杂零部件（IP_2）	0.5943	0.7097	0.6366	**0.6693**	0.5709	0.6362
精密零部件（IP_3）	0.7204	0.6009	**0.6247**	0.6283	0.5649	0.6278
半成品（IP_4）	**0.5613**	0.5719	0.5935	0.5553	0.7033	0.5971
资本品（IP_5）	0.6269	**0.7111**	0.6963	0.7483	0.6128	0.6791
消费品（IP_6）	**0.6380**	0.6873	0.5792	0.6421	0.5871	0.6267
平均关联度	0.6218	0.6659	0.6268	0.6489	0.6009	
耦合度	0.6328					

注：灰色关联度统计结果通过灰色关联分析软件处理得到，进一步可计算出耦合度统计结果。根据国际生产分工的比较优势评判标准，对各生产阶段的核心比较优势因素进行加粗标注。

2. 动态发展历程分析

灰色系统下的模型具有复杂的技术体系，其应用功能较为全面。对系统进行分析、评估及预测和优化等，均能通过灰色系统模型解决。对不断发展变化的系统进行分析是一种动态历程的分析，灰色关联耦合分析也是一种适合动态发展历程研究的工具。任何国家（地区）参与国际生产分工的状况都是不断变化的，比较优势特征系统内部各因素与它的关系也并非一成不变。基于此，我们将对中国这一发展中大国的研究期 1996—2013 年分为六个阶段，观察中国在各个时间段的灰色系统耦合关联度的发展变化趋势，见表 5. 8。

表 5. 8　中国参与国际生产分工与比较优势系统各个时间段的灰色关联度

生产阶段	CA_1					
	1996—1998	1999—2001	2002—2004	2005—2007	2008—2010	2011—2013
IP_1	0. 7799	0. 4997	0. 6868	0. 7441	0. 4237	0. 4038
IP_2	0. 8120	0. 4965	0. 6571	0. 7391	0. 4476	0. 4134
IP_3	0. 9615	0. 4821	0. 7586	0. 8150	0. 5653	0. 7400
IP_4	0. 5242	0. 3428	0. 6815	0. 5219	0. 7902	0. 5072
IP_5	0. 8588	0. 6920	0. 6490	0. 6844	0. 4637	0. 4138
IP_6	0. 8159	0. 3839	0. 7203	0. 8374	0. 5726	0. 4979
生产阶段	CA_2					
	1996—1998	1999—2001	2002—2004	2005—2007	2008—2010	2011—2013
IP_1	0. 7087	0. 6974	0. 8055	0. 6045	0. 6837	0. 7856
IP_2	0. 7245	0. 6877	0. 7660	0. 6142	0. 6485	0. 8175
IP_3	0. 7333	0. 5411	0. 6687	0. 5363	0. 6091	0. 5168
IP_4	0. 5974	0. 3933	0. 6016	0. 5006	0. 5243	0. 8140
IP_5	0. 7069	0. 7741	0. 6176	0. 7253	0. 6600	0. 7827
IP_6	0. 8215	0. 4788	0. 6537	0. 6108	0. 7616	0. 7974
生产阶段	CA_3					
	1996—1998	1999—2001	2002—2004	2005—2007	2008—2010	2011—2013
IP_1	0. 7564	0. 5743	0. 8076	0. 6366	0. 3527	0. 6544
IP_2	0. 7933	0. 5705	0. 7764	0. 6461	0. 3665	0. 6665
IP_3	0. 8587	0. 5549	0. 7481	0. 5669	0. 4312	0. 5886
IP_4	0. 6275	0. 3867	0. 6257	0. 6101	0. 6581	0. 6526
IP_5	0. 8460	0. 8118	0. 7902	0. 7091	0. 3762	0. 6444
IP_6	0. 7723	0. 4344	0. 5867	0. 6214	0. 4402	0. 6203

续表

生产阶段	CA_4					
	1996—1998	1999—2001	2002—2004	2005—2007	2008—2010	2011—2013
IP_1	0.7521	0.5018	0.5475	0.6059	0.6074	0.8855
IP_2	0.7794	0.4990	0.5471	0.6123	0.6528	0.9255
IP_3	0.9510	0.4910	0.4915	0.5610	0.7614	0.5139
IP_4	0.5195	0.3433	0.6106	0.4895	0.6260	0.7428
IP_5	0.8212	0.6887	0.7280	0.6792	0.6807	0.8922
IP_6	0.7780	0.3856	0.4135	0.6427	0.8620	0.7708
生产阶段	CA_5					
	1996—1998	1999—2001	2002—2004	2005—2007	2008—2010	2011—2013
IP_1	0.4739	0.6379	0.7559	0.5326	0.5266	0.4723
IP_2	0.4602	0.6353	0.7564	0.5384	0.5574	0.4775
IP_3	0.4136	0.5941	0.6586	0.4880	0.6831	0.5519
IP_4	0.7325	0.6841	0.6790	0.7087	0.8199	0.5957
IP_5	0.4422	0.6670	0.8982	0.5969	0.5843	0.4882
IP_6	0.4747	0.6736	0.5471	0.5245	0.7336	0.5692

通过观察表 5.8 中各个时间段中国参与机械工业生产分工与比较优势特征系统内部各因素的灰色关联度，可探究中国机械工业生产分工与比较优势的协同发展变化特征。同样地，可在国际生产分工比较优势评判标准下进行分析：首先，劳动力成本优势与机械工业简单零部件和消费品生产阶段分工状况的协同发展水平继 1999—2001 年处于低值后，2008 年以后连续两期的耦合关联度稳定在 0.5 左右的较低水平。中国在参与机械工业简单零部件和消费品的生产时，要充分发挥劳动力成本优势的作用。资本品生产与物质资本优势长期保持协同发展的良好关系。人力资本优势与机械工业精密零部件生产阶段分工状况的系统关联度在 2005 年以后连续三期处于较低水平，人力资本优势的效应发挥有待完善。中国的人力资本状况是日益改善的，人力资本积累和扩张的潜力是巨大的，过去主要受宏观体制与微观体制的约束，导致人力资本积累与扩张的潜力没有得到有效发挥。

此外，中国的技术优势与机械工业复杂零部件生产的耦合关联度在

1999 年之后的各个阶段逐渐增长。中国的技术优势正表现出强劲的增长势头，它与复杂零部件生产阶段分工状况的良好耦合发展关系，对于推动中国在机械工业生产分工体系中的高级化发展具有重要意义。

综合中国的静态和动态分析结果来看，中国的劳动力成本优势的作用仍然有待充分发挥，以形成与机械工业简单零部件及消费品生产阶段分工状况的协同发展；物质资本优势及技术优势等的作用需要继续保持，以促进我国参与机械工业生产的密切关联生产阶段的发展。

（五）东盟国家

除了新加坡之外的印度尼西亚、马来西亚以及菲律宾等东盟国家，主要在机械工业低附加值的简单零部件、半成品和消费品生产阶段具有较高的生产优势。菲律宾在简单零部件生产阶段的生产优势更是快速增强，赶超中国成为全球生产网络中在简单零部件产品生产上最具优势的国家。此外，聚类分析的统计结果表明，随着马来西亚和泰国等后进东亚经济体在复杂零部件、精密零部件及资本品等生产阶段优势特征的提升，东亚机械工业生产体系进入复杂的“大竞争时代”。

通过灰色系统耦合模型，可观察东盟诸多后进经济体参与机械工业生产分工与比较优势特征系统的耦合关联程度。图 5.2 至图 5.6 分别为印度尼西亚、马来西亚、菲律宾、泰国和越南的灰色系统内各指标序列之间的关联度。

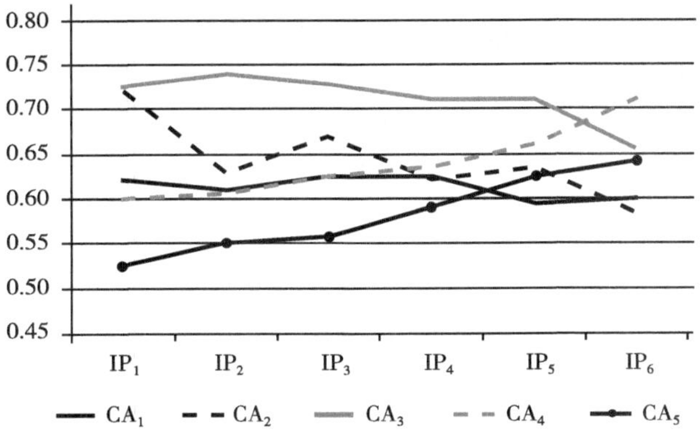

图 5.2　印度尼西亚的灰色系统关联度

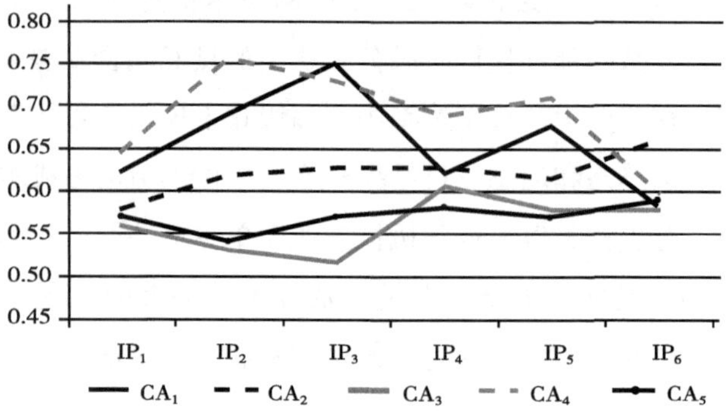

图 5.3　马来西亚的灰色系统关联度

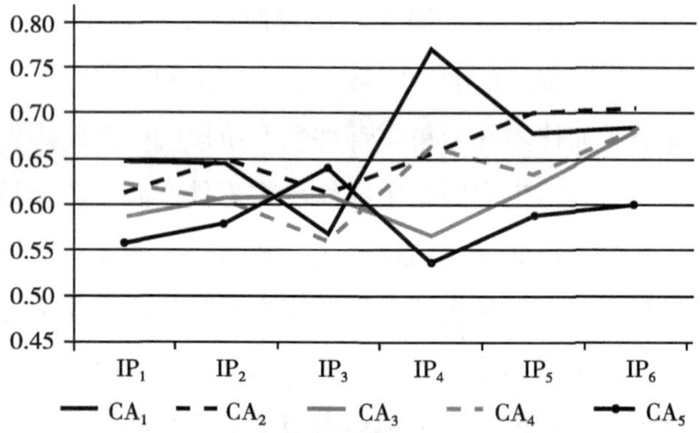

图 5.4　菲律宾的灰色系统关联度

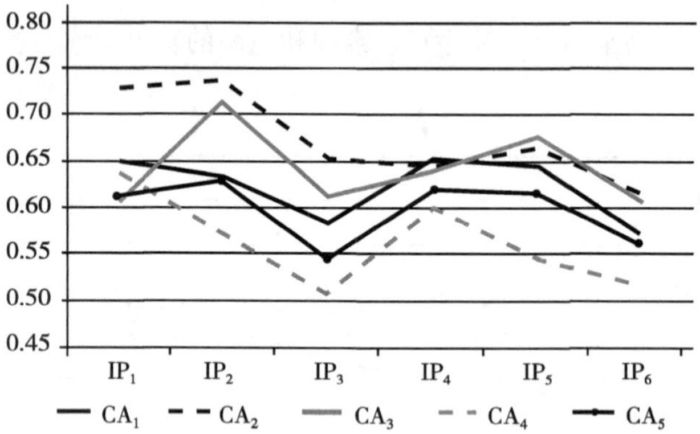

图 5.5　泰国的灰色系统关联度

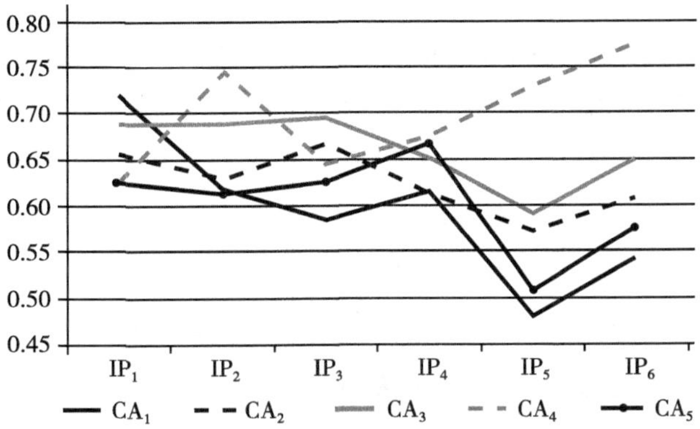

图 5.6　越南的灰色系统关联度

整体来看，东盟国家的系统耦合关联度较高，基本可以说明印度尼西亚等国参与机械工业生产分工与其国内的比较优势特征是协调发展的，较好地发挥了比较优势的作用。但考查劳动力成本优势与简单零部件、半成品及消费品生产阶段分工的匹配情况可以发现，它们之间的耦合关联度基本徘徊在 0.6 左右，说明东盟国家的劳动力成本优势的作用还有待进一步挖掘。参与国际生产分工的国家根据自身的比较优势参与分工合作，从而基于比较优势形成各自的贸易结构，获得相应的国际贸易利益，有利于提高国家的福利水平。然而，东盟后进经济体过度依赖劳动力成本优势参与生产分工，很容易面临“低端锁定”① 的风险。

东盟国家多数在产品附加值较低的生产阶段具有相对较高的生产优势，而国内的比较优势特征系统与其参与生产分工的状况具有较高的耦合作用，长此以往，东盟后进国家极易陷入“比较优势陷阱”或者“中等收入陷阱”，从而加剧其发展滞后的问题。对东盟后进经济体来说，若仅仅注重系统要素协调发展的耦合作用，可能带来“低端锁定”的发展风险。然而，基于“比较优势陷阱”提出的关于比较优势战略的不适应性论断是偏激而武断的。后进的发展中国家应在保持原有比较优势的基

① 所谓“低端锁定”，通常用于形容贸易结构固定的落后发展中国家，这类国家充分利用自身比较优势，过于集中地出口劳动密集型或初级产品，贸易条件不断恶化，在国际生产分工与贸易中的低端位置被锁定。

础上，不断加强自身在人力资本、技术水平等高级比较优势载体方面的建设，通过比较优势的高级化演化，逐步实现参与全球价值链分工阶梯的向上攀升，避免面临“低端锁定”的风险或陷入“比较优势陷阱”。

综上所述，政府在促进国家参与国际生产分工发展的过程中，应遵循比较优势的内生和动态演化规律进行战略部署，充分发挥自身比较优势的作用，若脱离自身比较优势而盲目追求价值链位置的攀升，既会阻碍本国的经济增长，也是难以长久为继的，终究会回落到应有的位置，甚至对本国或整个生产分工体系的发展产生破坏性影响。本章首先基于全球重要经济体机械工业生产分工状况与比较优势的对应分析，提取不同生产阶段优势经济体群组的比较优势特征，发掘各产品生产阶段的核心比较优势，构建国际生产分工的比较优势评判标准；其次，基于评判标准及系统耦合相关理论模型，对东亚机械工业生产分工体系下各主要经济体的生产分工状况与比较优势的匹配情况进行评判，评估其是否充分发挥了比较优势的作用，并探讨生产分工与比较优势耦合协调发展的制约因素。

研究结论：日本复杂零部件的生产优势与其技术优势协调发展的匹配性较差，日趋降低的技术水平成为其生产优势保持和提升的制约因素；韩国在简单零部件、消费品及资本品生产阶段的分工，对传统的劳动力成本和物质资本优势的发挥并不充分，但复杂零部件生产与技术优势，以及精密零部件生产与人力资本优势的协同发展关系密切；在新加坡，劳动力成本优势的作用得到较好发挥，复杂零部件生产与技术优势保持了协调发展的良好态势，但精密零部件生产与人力资本优势，以及资本品生产与物质资本优势的匹配情况较差；中国的劳动力成本优势作用仍然有待充分发挥，资本品生产与物质资本优势及复杂零部件生产与技术优势的协同发展关系需要继续保持；东盟国家机械工业的生产分工与劳动力成本优势的匹配有待进一步改善。东亚区域生产分工体系在国际分工大潮中迅猛发展，各经济体能否充分发挥自身的比较优势特征，对于在生产分工体系重构的格局中占据对自身有利的位置具有重要意义。本章的研究结论为东亚各经济体在区域生产分工格局演化过程中充分发挥自身比较优势提供了参考。

第六章

东亚生产网络分工优化

随着国际贸易与生产分工的持续深化，东亚区域的生产分工格局也在不断演化，由起初的“雁行模式”不断演绎成错综复杂的东亚生产网络，网络内各经济体积极寻求生产分工状态的改善。各经济体通过改善生产分工状态，能够更大限度地发挥自身的优势和潜力，最大化地获取贸易与分工收益。改善或优化生产分工状态，不仅对经济个体具有至关重要的意义，而且对整个东亚经济圈都会产生关键性的影响。生产网络内的经济体扮演着不同的角色，个体之间通过相互协作和促进，状况得以改善，形成良性发展的区域合作生产体系。分工优化的实质在于遵循比较优势原则，最大限度地实现比较优势演化与生产分工的协同发展，挖掘比较优势的潜力，实现自身参与价值链分工的最大化收益。鉴于此，对东亚生产网络的分工优化研究既是重要课题，也是需要充分考虑经济体特殊性质的话题，不能一概而论。东亚生产网络内的经济体，其分工优化路径并不是统一的，而是具有自身特质的适宜性发展路径。本书克服了以往追求价值链分工地位攀升的片面性，秉承“因地制宜、物尽其用”的思想，寻求经济体比较优势与生产分工协同发展的适宜性分工优化路径。

基于前文对东亚经济体比较优势与机械工业生产分工状况的协同发展关系进行评估的结果，本章进一步通过对经济体的比较优势演化趋势进行预测分析，探究与东亚经济体比较优势演化相适应的可行性分工优化路径。

第一节 东亚经济体比较优势的预测分析

世界各国（地区）在参与国际生产分工时，均基于本国的比较优势状况，在分工合作与贸易中形成具有自身特点的优势结构，获得相应的生产分工和贸易收益，在此条件下，国家（地区）的经济及福利水平会有所提高。事实上，国际经济活动处于不完全竞争的状态，企业的价格竞争优势不仅来自比较优势，还可能来源于规模经济等因素，但比较优势仍然作为国际生产分工与贸易的重要基础，发挥着不可替代的作用。各国（地区）在参与国际生产分工时，一定要充分发挥经济个体的比较优势，任何违逆和偏离比较优势的行为，不仅无法实现战略诉求，而且将失去应有的贸易利益。因此，政府在制定国际生产分工与贸易战略时，需基于比较优势特征的演化和发展路径，寻求适宜本国（地区）的区域生产分工优化发展战略。本节对东亚主要经济体的比较优势载体进行预测分析，描述各国比较优势的演化趋势及特征。

一、预测分析方法

我们在对东亚各经济体比较优势未来的变化趋势进行预测分析之前，首先要考虑采用的预测分析方法。关于比较优势动态变化特征的测度方法，目前主要有指数衡量法、生产率衡量法、马尔可夫链及灰色预测模型。其中，指数衡量法简便且运用广泛，涵盖信息量大，但未能充分考虑系统内各个相关因素的冲击性变化。生产率衡量方法的使用频率最低。采用马尔可夫链进行预测性研究的弊端在于运算过程过于复杂，系统因素的增加会导致运算量以指数的速度增长。综合考虑运算过程的复杂性和预测结果的准确度，灰色预测模型相对而言更具有优势。

灰色预测模型 GM（1，1）建立在差分微分方程的基础上，它的建模有五个步骤，分别为系统定性分析、因素分析、初步量化、动态量化和优化。系统中的原始数据处于无规律的状态，灰色预测模型首先需要对原始数据进行累加处理，生产新的数列。新的数列具有相对较强的规律性，对此数列进行建模，预测值是针对模型生成的数据进行累减处理得到的数值（谢乃明、刘思峰，2005）。

假设原始序列为

$$X^{(0)}=(x^{(0)}(1),x^{(0)}(2),\cdots,x^{(0)}(n))$$

对原始序列进行累加处理，一次累加后生产的新数列为

$$X^{(1)}=(x^{(1)}(1),x^{(1)}(2),\cdots,x^{(1)}(n))$$

其中，一次累加序列 $X^{(1)}$ 中的第 k 项是由原始序列的前 k 项之和产生的，即

$$X^{(1)}(k)=\sum_{i=1}^{k}x^{(0)}(i)\quad(k=1,\ 2,\ \cdots,\ n)$$

将原始数据累加后，弱化了原始数据的随机性，由 $X^{(1)}$ 的相邻项平均值得到的 $X^{(1)}$ 紧邻均值生产序列 $Z^{(1)}$，表示为

$$Z^{(1)}=(z^{(1)}(2),z^{(1)}(3),\cdots,z^{(1)}(n))$$

$$Z^{(1)}(k)=\frac{1}{2}(x^{(1)}(k)+x^{(1)}(k-1))\quad(k=2,3,\cdots,n)$$

根据上述序列，灰色系统预测 GM（1，1）模型的基本形式为

$$x^{(0)}(k)+az^{(1)}(k)=\mu$$

对应的白化方程形式为

$$\frac{\mathrm{d}X^{(1)}}{\mathrm{d}t}+aX^{(1)}=\mu$$

其中，t 表示时间；a 表示发展系数；μ 表示灰色作用量，或称内生控制灰数，反映数据间的变化关系。

二、比较优势特征的预测结果及其分析

通过灰色预测 GM（1，1）模型对东亚主要经济体的比较优势特征分别进行预测，预测年限为样本期之后的五年（2014—2018 年）。根据

预测期内比较优势的演化趋势，进一步分析各经济体的生产分工优化战略。2014—2018 年日本的比较优势演化预测结果如图 6.1 中阴影部分所示。

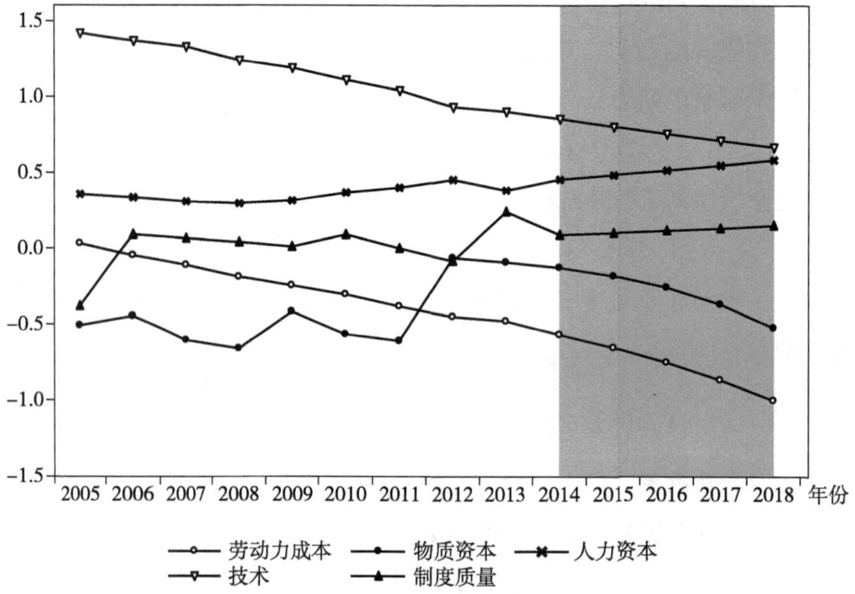

图 6.1　2005—2018 年日本的比较优势演化预测结果

在预测期内，日本的人力资本优势呈现出小幅上升的趋势，制度质量优势保持平稳，传统的劳动力成本和物质资本优势出现了明显的下降态势。根据新加坡《联合早报》官方网站的报道，到 2030 年，亚洲将有大约两亿人口超过 65 岁，日本将成为第一个迈入“超级老龄化”的国家，老年人占总人口的比例将达到 28%，这与日本劳动力成本优势下降的情况是吻合的。此外，技术水平比较优势的下降，对日本在东亚生产分工体系领军国家的地位势必产生一定程度的冲击。

2014—2018 年韩国的比较优势演化预测结果如图 6.2 中阴影部分所示。韩国作为东亚区域内的新兴工业化国家，拥有区域内较高的人力资本水平。在预测期内，韩国的人力资本优势并没有显著上升；制度质量优势表现出显著的改善，上升的态势非常明显；技术优势在高水平上保持平稳的增长，这对其在东亚生产网络中的地位攀升具有重要的推动作用；劳动力成本和物质资本优势的变动并不明显。

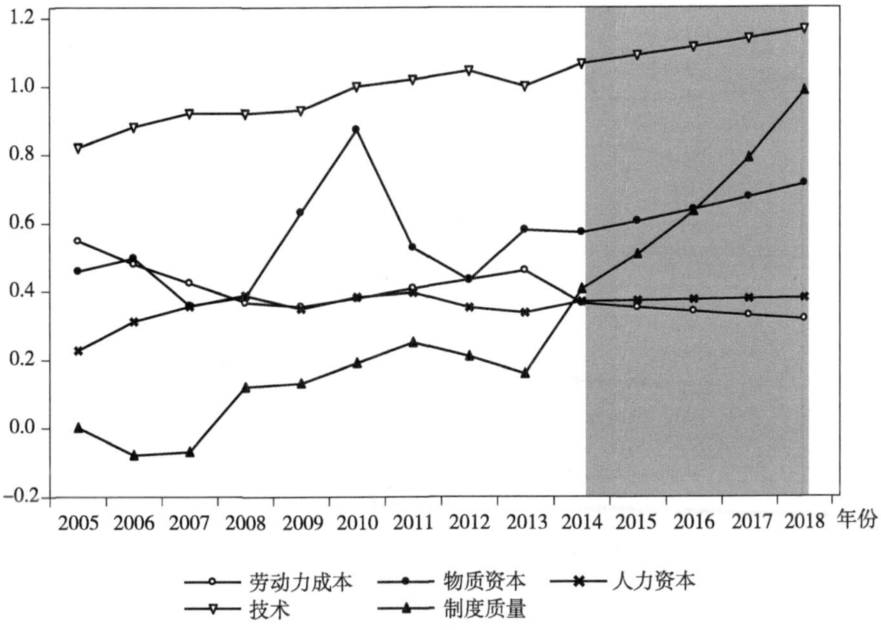

图 6.2　2005—2018 年韩国的比较优势演化预测结果

与韩国同为东亚新兴工业化国家的新加坡，自然资源较为贫乏，服务业是其经济增长的龙头产业，对外贸易也极大地促进了其经济发展。新加坡的比较优势演化特征（如图 6.3 所示）相对简单，在预测期内，各项比较优势基本上保持了稳定的状态，没有明显幅度的变化，人力资本水平略有上升趋势。依照比较优势的演化趋势，短期内新加坡参与机械工业生产分工格局角色转变的可能性不大，基本上会保持不变。

除新加坡以外的东盟国家，在比较优势特征以及参与机械工业生产分工和贸易的状况方面都比较相似，因此可将印度尼西亚、马来西亚、菲律宾、泰国及越南等东盟国家归到一起进行总结和分析，具体的比较优势特征预测结果见表 6.1。

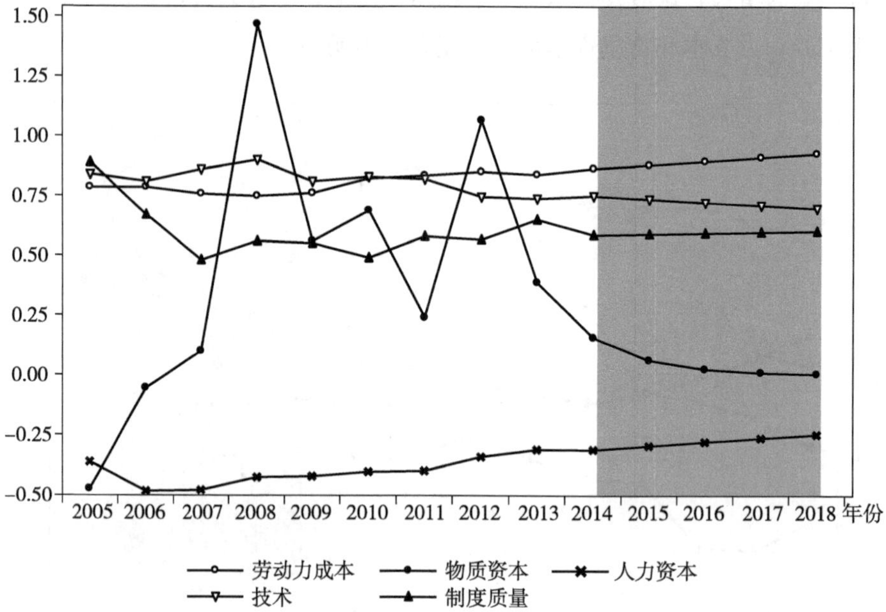

图 6.3　2005—2018 年新加坡的比较优势演化预测结果

在预测期内，东盟诸国的人力资本水平普遍较低，但在低水平上表现出微弱的上升，与区域内的日本和韩国相比，存在较大差距。作为东亚的后进经济体，东盟各国的技术水平长期处于落后状态。从预测结果来看，东盟诸国技术进步的动力不足，技术水平上升的趋势不明显。除了人力资本水平较低、技术优势不足，制度不良也是制约东盟各国发展的因素。就劳动力成本优势而言，东盟各国表现出不同程度的上升趋势，尤其是越南，在较高水平上仍呈现出显著的提升，这是东盟诸国成为制造业加工制造基地的基础条件。相对而言，物质资本优势的变化方向并不统一，其中印度尼西亚的水平最高，上升幅度也最大，马来西亚和越南有所下降，泰国基本保持不变。

表 6.1　2011—2018 年东盟诸国的比较优势预测结果

国家	比较优势	预测结果							
		2011	2012	2013	2014	2015	2016	2017	2018
印度尼西亚	劳动力成本	0.0117	0.0327	0.0524	0.0807	0.1283	0.2039	0.3241	0.5153
	物质资本	0.9933	1.4882	1.1091	1.3740	1.4923	1.6208	1.7604	1.9120
	人力资本	-1.1179	-1.0496	-1.0361	-1.0691	-1.0617	-1.0543	-1.0470	-1.0398
	技术	-0.9900	-1.0285	-1.0609	-1.0902	-1.1231	-1.1569	-1.1918	-1.2277
	制度质量	-1.0000	-1.1881	-1.2684	-1.0926	-1.0929	-1.0933	-1.0937	-1.0941
马来西亚	劳动力成本	-0.1575	-0.1252	-0.0684	-0.0843	-0.0689	-0.0563	-0.0460	-0.0376
	物质资本	-0.0835	1.3088	0.7430	0.4259	0.2454	0.1413	0.0814	0.0469
	人力资本	-0.5404	-0.4919	-0.5035	-0.4834	-0.4662	-0.4497	-0.4337	-0.4183
	技术	0.0100	0.0194	-0.0025	-0.0118	-0.0084	-0.0060	-0.0043	-0.0030
	制度质量	-0.6000	-0.4946	-0.4456	-0.4281	-0.3970	-0.3683	-0.3416	-0.3168
菲律宾	劳动力成本	-0.5297	-0.5043	-0.4716	-0.4038	-0.3627	-0.3258	-0.2926	-0.2628
	物质资本	-0.7097	-0.245	1.2296	-0.0963	-0.0364	-0.0137	-0.0052	-0.0020
	人力资本	-1.0742	-1.0467	-1.0198	-1.0716	-1.0798	-1.0881	-1.0964	-1.1049
	技术	-0.2800	-0.1883	-0.1679	-0.1690	-0.1538	-0.1399	-0.1273	-0.1159
	制度质量	-0.9300	-0.9283	-0.9039	-0.9188	-0.9303	-0.9420	-0.9539	-0.9658
泰国	劳动力成本	0.9535	0.9553	0.9648	0.9703	0.9778	0.9854	0.9930	1.0007
	物质资本	0.1491	0.9815	0.2086	0.0675	0.0184	0.0050	0.0014	0.0004
	人力资本	-0.37	-0.402	-0.4414	-0.4284	-0.4235	-0.4187	-0.4139	-0.4091
	技术	-0.6500	-0.6694	-0.6915	-0.7244	-0.7479	-0.7723	-0.7974	-0.8233
	制度质量	-1.0800	-0.5090	-0.6621	-0.4521	-0.3511	-0.2726	-0.2117	-0.1643
越南	劳动力成本	0.9375	0.9661	0.9932	1.0717	1.1296	1.1907	1.2551	1.3229
	物质资本	-0.4096	0.2473	0.5282	0.5798	0.5419	0.5065	0.4734	0.4424
	人力资本	-0.6001	-0.4484	-0.3941	-0.4025	-0.3773	-0.3537	-0.3315	-0.3108
	技术	-0.6900	-0.6424	-0.4185	-0.4585	-0.4094	-0.3655	-0.3263	-0.2913
	制度质量	-1.2000	-1.5216	-1.4527	-1.7694	-2.0301	-2.3291	-2.6722	-3.0658

注：预测结果通过灰色系统理论建模软件（GTMS3.0）计算模拟得到。

图 6.4 是 2005—2018 年中国的比较优势演化预测结果，从中可以看出，在预测期内，中国在人力资本和制度质量两方面的比较优势都处于较低水平，并没有显著提升。虽然国内就提高国民的人力资本水平和

制度改良做出了一定的努力，但或许人力资本和制度的政策红利显现还需要时间。此外，我国的劳动力成本优势在较高水平上保持平稳，人口红利在短期内并没有出现消逝的迹象，传统的加工制造方面仍然具有一定的生产优势。物质资本优势略有上升。值得注意的是，中国的技术水平在预测期内出现了大幅度的上升，这对提升我国在东亚生产网络中的主导作用具有重要意义。

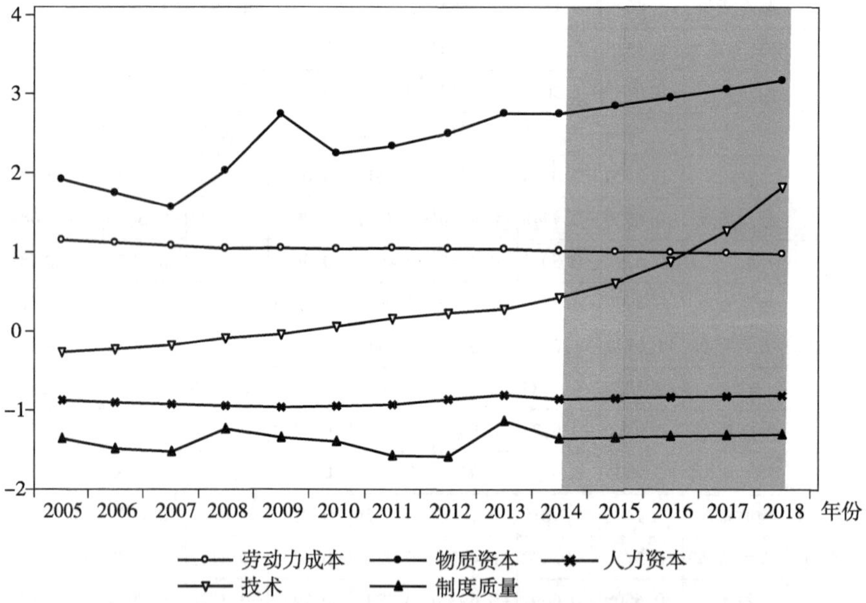

图 6.4　2005—2018 年中国的比较优势演化预测结果

综合对东亚各主要经济体比较优势的预测分析结果，我们大致可以窥见：在预测期内，日本的人力资本优势呈现小幅上升的趋势，制度质量优势保持平稳，传统劳动力成本优势和物质资本优势出现了下降的态势，技术水平下降幅度最为明显，这对日本在东亚生产网络中领军国家的地位势必产生一定程度的冲击；韩国的人力资本优势较高，但并没有显著上升，制度质量和技术优势表现出显著的增长，对韩国在东亚生产网络中的分工优化具有重要的推动作用；新加坡各项比较优势变动趋势均不明显；人力资本水平较低、技术优势不足、制度不良都是长期制约东盟诸国发展的不利因素，值得一提的是，东盟国家均具有较好的劳动力成本优势；中国在人力资本和制度质量两方面的比较优势都保持在较低水平，劳动力成本优势在较高水平上保持平稳，物质资本优势略有上升，技术水平出现了大幅度的上升。

第二节　东亚生产网络的分工优化路径

全球生产网络并不是一成不变的，东亚机械工业生产分工体系也是动态演化的，短期来看是相对稳定的，长期来看则具有动态重构的特征。参与生产分工体系的经济体不断进行调整和升级，持续推动价值链生产分工体系的重构。因此，经济体的生产分工优化是一个具有研究价值的话题，一味地追求分工地位攀升和附加值增长的优化战略行为，并不一定具有普适性，经济体需要结合自身的经济特征，选择最适合自身成长的优化路径。具体而言，可以比较优势作为切入点，通过对东亚区域内各主要经济体参与生产分工的状况与其比较优势特征的匹配情况进行评估，探究经济体是否充分发挥了比较优势的作用，这对经济体在生产分工体系中进行准确定位和寻求对自身布局有利的适宜性战略具有重要的参考价值。基于上一节对东亚各主要经济体比较优势演化趋势特征的预测分析，结合经济体参与机械工业生产分工与比较优势匹配情况的评判，可以在一定程度上揭示适宜经济体的分工优化路径，并对其可行性进行简单的分析。

一、基于预测分析的优化路径分析

经济体比较优势的分析与生产分工的优化紧密相关。克鲁格曼等通过构建模型进行研究后指出，如果发展中国家在制定产业和贸易政策时不遵循比较优势原则，对具有相对劣势的产业予以扶持，对具有比较劣势的产品鼓励出口，从中短期来看，贸易与产业或许能够得到政府扶助下的发展，然而基于长期发展的视角，国内具有比较优势的产业得不到足够的发展机会，具有比较劣势的产业又不具备高度化以及长期发展的资质，最终将不利于国家经济的增长。鉴于此，参与国际生产分工的优化路径分析可以着眼于动态比较优势和比较优势潜力，通过推动生产分工与比较优势协同发展，优化自身的生产分工状态，促进区域生产分工体系的持续发展。

对日本而言，生产分工优化的路径是通过技术创新抑制技术优势的持续下降，以及充分发挥自身技术优势参与东亚区域机械工业生产分工体系。日本在参与机械工业生产分工的过程中，生产分工与比较优势系统的匹配性较好，其国内的比较优势特征基本上较好地发挥了应有的效应。但日趋降低的技术水平成为其生产优势保持和提升的制约因素。根据预测期内日本的比较优势特征，技术水平显著下降，对日本在东亚生产分工体系中领军国家的地位势必产生一定程度的冲击。虽然近年来日本的核心机械订单年率依然大致保持正向增长，但据日本媒体报道，三菱重工业的客船建造业因数码技术落后出现巨大赤字，濒临停业。此外，日本的人口老龄化不断加重，人口数量严重减少，但劳动力成本优势与生产分工的匹配较为良好。综合考虑，日本只有积极寻求技术进步和技术变革的突破点，扭转技术优势下降的局面，才能保持其分工优势及在生产分工格局中的地位。

韩国的分工优化路径在于保持技术优势及人力资本优势与生产分工的协同发展关系，同时提高劳动力成本优势和物质资本优势与生产分工的匹配性。韩国机械工业生产分工对传统劳动力成本和物质资本优势作用的发挥并不充分，但与技术优势及人力资本优势的协同发展关系密切。近年来，韩国经济饱受内忧外患双重打压，不断滑向低增长深渊，2015 年 GDP 增速仅为 2.6%，2016 年的经济形势也不乐观，但我们不得不承认，韩国是东亚区域内极具发展潜力的国家。比较优势的预测结果显示，在东亚区域内韩国拥有较高的人力资本水平，制度质量优势表现出显著的改善，技术优势在高水平上保持平稳增长，这将促使韩国在东亚生产网络中分工位置的提升。基于此，韩国政府有必要推行有利于推动国内新兴产业发展的投资，开发新的技术主导权。事实上，据韩国政府报道，韩国从 2014 年 9 月起就在全国 17 个城市设立创造经济革新中心。此外，韩国政府有必要通过增加参与国际生产分工与贸易就业机会的方式，提高生产分工中的国内物质资本利用率，寻求机械工业生产分工与劳动力成本优势及物质资本优势的高度协同发展。

对新加坡而言，适宜的分工优化能使其保持劳动力成本优势与技术优势同生产分工的协同发展，提高本国的人力资本水平，并充分发挥其在参与全球价值链分工生产中的作用，但预计 2017—2021 年新加坡参与东亚机械工业生产分工格局的角色转变可能性不大。新加坡具有较高的劳动力成本优势，而且其技术优势长期以来颇为稳定，保持在较高水平上，制度质量优势也在东亚区域遥遥领先，这为新加坡发展不同层次的生产分工、全面参与东亚生产网络提供了保障。此外，新加坡本国的人力资本水平并不高，但表现出一定的上升趋势。根据新加坡采购与材料管理学院（SIPMM）发布的数据，新加坡制造业采购经理指数（PMI）自 2015 年 6 月起，连续 13 个月处于荣枯线以下，这意味着新加坡制造业依旧整体低迷疲弱，前景并不乐观。

中国作为东亚的发展中大国、世界经济增长的主要引擎，在东亚区域生产网络中的地位不容小觑。中国的分工优化战略在于继续凭借技术优势的上升助推区域生产网络地位的攀升，同时充分发挥自身劳动力优势的作用，从高、低层次全面、稳固地融入东亚区域机械工业生产分工体系。比较优势的预测结果显示，我国的劳动力成本优势保持在较高水平上，人口红利在短期内并没有出现消逝的迹象，传统加工制造方面的生产优势仍需要通过充分发挥劳动力成本优势的作用予以巩固。中国的技术水平显著提高，虽然落后于日本和韩国，却保持着不断上升的势头。中国在零部件尖端领域的技术追求对韩国、日本及新加坡等东亚区域先进国家构成了一定威胁。中国既要在新技术革命领域迎头赶上，也要充分利用新技术革命改造提升传统产业，用好全球的资源和市场。中国参与东亚区域机械工业生产分工，不仅应加强技术变革并发挥技术优势效应，还需要在追求高附加值产品贸易分工发展的同时，巩固好低附加值贸易的生产优势。

东盟国家是东亚生产网络的重要组成部分，世界银行称其为“发展中的东亚和太平洋地区”。虽然 2020 年初受新冠肺炎疫情的影响，印度尼西亚、马来西亚等东盟国家或将陷入深度衰退，但它们此前的经济表现出持续稳定的增长，2016 年和 2017 年的经济增长速度分别为 4.6% 和 4.8%。东盟诸国的人力资本优势普遍较低，印度尼西亚、菲律宾和越南尤其落后，技术优势相对较弱，制度体系也非常落后，与日本、韩国和新加坡等国存在较为明显的差距；东盟诸国在传统要素方面的优势较为明显，尽管如此，东盟国家还有待进一步改善其参与机械工业生产分工的劳动力比较优势的作用，充分利用自身的劳动力成本与物质资本优势获取较大的分工收益。

东盟国家生产分工的发展将从中国的“一带一路”倡议和中国倡导成立的亚洲基础设施投资银行（简称“亚投行”）获得重要的推动力量。“一带一路”倡议的提出和亚投行的建立，为东盟国家提供了物质资本积累的机会，以及参与东亚生产网络的便利性，对东盟国家充分发挥自身劳动力成本与物质资本优势获取分工收益具有有益的影响。但是，后进的东盟国家在充分发挥劳动力成本和物质资本优势的基础上，还需不断加强自身在高级化的后天比较优势方面的建设，如人力资本优势、技术优势等，通过促进比较优势的高级化演化，逐步实现参与全球价值链分工阶梯的向上攀升，规避“低端锁定”的风险和“比较优势陷阱”。

二、东亚经济体分工优化路径的可行性分析

前文对东亚主要经济体进行了机械工业生产分工状态的描绘，以及比较优势的分析及演化趋势的预测，并对生产分工与比较优势的匹配性进行了评估，最终针对各经济体的特征提出适宜的、差异化的分工优化路径。本节将对经济体的适宜性分工优化路径进行可行性分析。

一国（地区）在参与全球价值链生产分工时，若脱离其比较优势而盲目追求价值链位置的攀升，既不利于本国的经济增长，也难以长久为继，甚至会对本国（地区）或整个生产分工体系的发展产生破坏性影响。因此，各国（地区）在参与国际生产分工时，应遵循比较优势的内生和动态演化规律进行战略部署，而非采取破坏或违逆比较优势理论的举措。前文遵循比较优势原则，从生产分工与比较优势协同发展的

角度，推导出各经济体的分工优化发展路径，进一步地，可从以下几个方面对其可行性进行分析。

（1）差异化角色存在的必要性。在价值链的生产分工中，参与高附加值生产环节固然可以获得相对更高的分工收益，然而低附加值生产环节同样需要相对具有生产优势的生产者进行生产，虽然生产分工的收益相对较低，但低附加值生产环节的生产者仍然是全球价值链中重要的不可或缺的参与者。只有通过不同性质参与者的协作生产，才能高效率地对全球的资源进行配置，同时使各个参与者在国际贸易与分工中获益，推动经济发展。因此，在全球或者区域生产分工体系中，差异化角色的存在具有必要性，生产分工优化的路径也必然存在差异。上述东亚经济体的分工优化路径基于“因地制宜、物尽其用”的思想，是针对不同性质经济体最大限度地发挥自身潜力的适宜性优化路径。与追求价值链分工位置的提升及高附加值生产环节的参与率不同，差异化的优化战略更注重生产体系的长久和持续发展，以及经济体自身的经济稳定增长，更具有长远的发展可行性。

（2）优化路径的保障条件。在进行分工优化路径的可行性分析时，不仅要考虑其存在意义，还要考虑实施的保障条件。如果东亚各主要经济体的历史发展状态、目前的经济实力以及正在进行的相关努力大体满足分工优化路径的实施条件，该路径就具有可行性。2016 年，日本发布《日本“新产业结构蓝图”中期方案：以新技术克服低迷》，旨在利用人工智能（AI）和机器人等最新技术促进经济增长。若技术革新能够实现，东亚生产分工网络的主导权仍然能够保持。考查韩国教育的发展轨迹可以看出，韩国之所以能在较短的时间里、在非常薄弱的基础上实现人力资本水平的快速提高，并支撑其经济实现快速赶超，就在于韩国政府采取了加大教育投入的措施，充分调动社会力量办学，重视普及义务教育和高等教育。韩国在保持技术和人力资本优势与生产分工协同发展的同时，还充分发挥传统生产要素的优势作用。新加坡继续发挥其在比较优势方面的作用，在东亚分工格局的重构中保持原有状态。东盟诸国具有自身明显的比较优势，借助“一带一路”倡议和亚投行的建设，充分利用其劳动力成本和物质资本优势，能够获取较大的分工收益。根据2016年8月25日在北京发布的《二十国集团（G20）国家创新竞争力发展报告（2015—2016）》黄皮书，美国、英国、日本的创新竞争力位列二十国集团成员国的前三名，中国排在第九位，是G20集团中唯一进入前十名的发展中国家，这是对我国技术优势上升的肯定。中国不仅要加强技术变革并发挥技术优势的作用，在追求高附加值贸易分工发展的同时，仍需巩固劳动力成本优势主导的低附加值贸易的发展。

全球贸易与生产分工不断扩展和深化，世界多数国家或地区积极参与国际贸易与生产分工的优化战略，致力最大化自身分工收益和提升经济发展水平。那么，生产分工状态如何优化，优化的战略路径如何选择，就成为需要思考的问题。本章遵循比较优势演化与生产分工优化协同发展的原则，将历史经验分析与前瞻性研究相结合，通过灰色预测GM（1，1）模型分析东亚主要经济体的比较优势演化趋势，挖掘经济体的比较优势潜力，展开对东亚生产分工体系的优化研究，寻求适宜经济体的生产分工优化战略。研究发现：对日本而言，生产分工优化的路径是通过寻求技术进步和变革的突破点，抑制技术优势的持续下降，以及充分发挥自身技术优势来参与东亚区域机械工业生产分工体系，以保持其在东亚生产网络中的核心地位；韩国的分工优化路径是保持技术优势和人力资本优势与生产分工的协同发展关系，同时提高劳动力成本优势和物质资本优势与生产分工的匹配性；新加坡继续发挥自身的比较优势，并切实提高国内的人力资本优势，及其与精密零部件生产的协调关系；中国的分工优化路径是继续凭借技术优势的上升助推自身在区域生产网络中地位的攀升，同时充分发挥自身劳动力成本优势的作用，在追求高附加值贸易分工发展的同时，巩固好低附加值贸易的生产优势；后进的东盟国家应充分发挥劳动力成本和物质资本优势，并不断加强自身在人力资本、技术水平等高级比较优势载体方面的建设，通过比较优势与生产分工的协同性高级化演化，规避“低端锁定”的风险。

第七章

政策建议与研究展望

东亚生产网络最初是自然演化而成的，在“雁行模式”下通过区域内快速增长的生产合作与贸易投资，区域内主要经济体迅猛发展并创造了“东亚奇迹”。东亚各经济体的经济发展水平和国内禀赋条件，构成了“雁行模式”稳定发展的基础。在“雁行模式”下，东亚区域集体性的快速增长得益于各国基于比较优势适应经济生产分工合作的发展。但是，在“雁行模式”较长的发展历程中，东亚生产分工中的一些自然形成、惯性存在的模式成为制约东亚生产网络发展的阻碍因素。进入21世纪以后，东亚各经济体的比较优势发生了明显的动态变化，也由于雁行结构惯性存在的阻碍因素，各经济体新的比较优势特征在东亚生产网络中的作用难以充分发挥。整体来看，在东亚生产网络不断发展变迁和经济体比较优势动态变化的背景下，东亚生产网络在重新整合区域资源、加强比较优势与生产分工匹配性的协同发展方面存在一定的优化空间。

鉴于此，本书以东亚机械工业为例，勾勒东亚生产网络，在多元化比较优势理论框架下建立比较优势综合评判体系，通过因子分析结合前瞻性的灰色预测模型，剖析经济体比较优势的特征及潜力，并利用系统耦合模型评估东亚经济体生产分工状况与比较优势的匹配性，探寻东亚机械工业生产分工优化的可行性路径。

第一节　主要结论及政策建议

一、主要结论

本书的结论主要包括东亚经济体机械工业生产分工体系下的分工状

况、比较优势情形、两者匹配性的分析和分工优化研究四个方面。

（1）东亚主要经济体机械工业生产分工状况。日本的机械工业在各个分工阶段，多数表现出较高的生产优势特征，并作为生产网络中的技术担当；韩国的分工状况与其发展程度存在一定的矛盾，在诸生产环节均不具有最佳的生产优势；新加坡在复杂和精密零部件等高附加值产品的生产上具有较高的比较优势；中国的机械工业在简单零部件、半成品和消费品生产阶段具有绝对领先的生产优势，在复杂零部件和资本品生产阶段的生产优势处于上升态势；至于越南、印度尼西亚、马来西亚和菲律宾等东盟国家，在简单零部件、消费品和半成品生产阶段的生产优势普遍高于复杂零部件、精密零部件和资本品生产阶段的优势；日本和新加坡在多个高附加值生产阶段具有绝对生产优势，对东亚机械工业生产网络的发展具有重要的引领作用。中国的生产优势主要体现在低附加值生产阶段，但高附加值生产阶段的生产优势有所提升，其分工地位也在逐渐攀升。其他国家在各阶段的生产优势并不显著，且具有较高的重合性。

（2）东亚经济体比较优势及趋势分析。日本的技术水平下降幅度最为明显，但在东亚区域仍居领先地位，人力资本优势较高，传统劳动力成本和物质资本优势出现了下降的态势；韩国人力资本优势较高，制度质量和技术优势表现出显著的增长，对韩国在东亚生产网络中的分工优化具有重要的推动作用；新加坡具有较高的劳动力成本、技术和制度质量优势，物质资本优势下降明显；人力资本水平较低、技术优势不足、制度不良均是长期制约东盟发展的不利因素，值得一提的是，东盟各经济体普遍具有较高的劳动力成本优势；中国的劳动力成本优势在较高水平上保持平稳，物质资本优势高值上升，技术水平呈现明显幅度的上升。

（3）东亚经济体比较优势与生产分工状况的匹配性分析。日本复杂零部件的生产优势与其技术优势协调发展的匹配性较差，日趋降低的技术水平成为其生产优势保持和提升的制约因素。韩国的简单零部件、消费品及资本品生产阶段的生产分工，对传统的劳动力成本和物质资本优势的发挥并不充分，但复杂零部件的生产与技术优势，以及精密零部件生产与人力资本优势的协同发展关系密切；新加坡劳动力成本优势的作用得到较好发挥，复杂零部件生产与技术水平优势保持了协调发展的良好态势，但精密零部件生产与人力资本优势，以及资本品生产与物质资本优势的匹配性较差；中国的劳动力成本优势的作用有待进一步发挥，资本品生产同物质资本优势及复杂零部件生产与技术优势的协同发展关系需要继续保持；东盟国家机械工业的生产分工与劳动力成本优势的匹配有待进一步改善。

(4) 东亚经济体生产分工优化路径。对日本而言，生产分工优化路径是通过寻求技术进步和变革的突破点，抑制技术优势的持续下降，以及充分发挥自身技术优势参与东亚区域机械工业生产分工体系，保持其在东亚生产网络中的核心地位；韩国的分工优化路径是保持技术优势以及人力资本优势与生产分工的协同发展关系，同时提高劳动力成本优势和物质资本优势与生产分工的匹配性；新加坡继续发挥自身的比较优势，切实提高国内的人力资本水平，及其与精密零部件生产的协调关系；中国的分工优化路径是继续凭借技术优势的上升助推区域生产网络地位的攀升，充分发挥自身劳动力成本优势的作用，在追求高附加值贸易分工发展的同时，巩固低附加值贸易的生产优势；后进的东盟国家应充分发挥劳动力成本和物质资本优势，并不断加强自身高级比较优势要素的建设，如人力资本和技术等，促进比较优势的高级化演化与生产分工优化的协同发展，避免“低端锁定”的风险。

二、政策建议

我们在产品内国际分工框架下重申比较优势的重要性，基于全球重要经济体的比较优势特征与生产分工的对应情况构建国际生产分工的比较优势评判标准，以评估东亚区域的分工情形，遵循比较优势演化与生产分工优化的协同发展原则，探究与东亚经济体比较优势演化相适应的具有可行性的分工优化路径。结合本书的研究结论及当前东亚主要经济体的发展现状，我们对经济体充分发挥自身比较优势、最大化生产分工收益提出几点政策建议。

（一）建立比较优势与生产分工协同发展监测体系

基于比较优势演化与生产分工协同发展的视角，经济体通过充分发挥自身的比较优势和潜力，最大化地获取贸易与分工收益，改善或优化生产分工状况，这不仅对经济个体具有重要意义，对整个东亚经济圈都具有关键性的影响。东亚经济体有必要尝试建立相关的监测体系，尽可能地确保比较优势的演化与生产分工保持协同发展。

具体而言，可以从微观、中观和宏观三个层面予以监测和督导。微观企业是国际生产分工的直接参与者，也是监测体系重点关注的单位，政府的协同发展监测体系应鼓励企业根据自身定位，充分利用企业生产优势积极参与国际生产分工，避免生产优势浪费与资源错配等行为，并且可以对深入贯彻比较优势与生产分工协同发展的企业进行表彰和奖励。在中观产业层面，政府应该定期进行产业发展测评，检验产业的生产绩效是否充分发挥了产业的竞争优势，制定相关的规章制度予以督导。在国家监管层面，需要政府设立相关部门或人员，对国家的比较优势及其变化情况进行全面的测量、汇总和信息公布，为企业准确掌握比较优势相关信息提供便利，为推动比较优势演化与生产分工的协同发展奠定基础。

（二）整合利用既有比较优势

既有比较优势是指在自然的和历史的过程中形成的比较优势形态。在东亚生产网络中，无论是先进的经济体还是后进的发展中国家，在比较优势的演化过程中都形成了自身既有的比较优势，生产分工的优化必须基于充分发挥比较优势的作用。因此，对既有比较优势进行整合和充分利用，是分工优化路径的重要基础。

在东亚生产网络中，日本与韩国等发达国家通过经济发展的积累，在技术和人力资本等方面具有较高的既有比较优势。先进经济体若想维持其在生产分工中的地位，应该继续充分利用其既有比较优势，并不断进行开拓和创新。例如，不断开发新技术，寻求技术突破点，保持在技术革新中的领导地位。而对东亚区域资金和技术相对稀缺的后进发展中国家而言，若全力发展资本、技术密集型的产品出口，势必面临严重的资金、技术、人才等投入要素和支撑条件的约束。因此，通过比较优势与生产分工协同发展促进分工优化的前提是整合和充分利用既有的比较优势。东亚后进的发展中国家应继续发挥传统要素禀赋的比较优势，最大限度地获取国际贸易与分工收益，为国家的可持续发展奠定坚实的基础。在东亚后进发展中国家整合和充分利用传统要素禀赋的过程中，一方面要鼓励企业积极利用传统的要素禀赋优势参与国际生产分工，虽然无法避免“量大利薄”的粗放扩张局面，但对国内的经济增长仍然具有促进作用；另一方面，鼓励企业参与技术含量较高的劳动密集型产业，在发挥自身劳动力成本优势的同时，学习外国的先进技术，进一步加强高级化比较优势要素的建设，帮助本国规避被锁定在低端被动地位的风险。

（三）开拓后创比较优势

后创比较优势是指在比较优势不断演化发展的过程中，经人力的努力后天形成的比较优势，如技术优势、人力资本优势及制度质量优势等。对东亚区域后进的发展中国家而言，后创比较优势方面的不足对其获取更高的贸易与分工收益造成了严重掣肘。在坚持比较优势演化与生产分工协同发展的同时，开拓后创比较优势、促进比较优势的高级化演化是政府致力分工优化的重要政策导向。尹翔硕和徐建斌（2002）指出，发展中国家要在立足现有比较优势的基础上，通过教育和科技政策推动比较优势的动态转变。吴石磊（2018）指出，单靠市场调节资源配置会出现市场失灵问题，政府要充分发挥“有形的手”的作用来弥补“无形的手”的市场失灵问题。

人力资本因素是后进经济体应重视开拓的后创比较优势因素之一。一国或地区应采取相应战略措施加速人力资本积累，提高人力资本水平；营造良好的人才发展平台，努力营造重视教育、尊重人才的良好社会环境，同时鼓励利用社会经济资源（包括国外资源）推进教育的发展。

技术进步也是影响一国经济的重要后创比较优势。技术优势的提高，是促进比较优势高级化演化的重要途径，有利于加强本国在技术密集型生产环节的生产优势。对技术优势而言，加强科技创新是首要的战略。各后进发展中国家政府应注意在国内营造发展科技和鼓励创新的良好氛围。争创新、创进步的社会氛围，有助于增强企业加大研发创新投入的信心，使其投入较高的资金创建科技研发的实验室以及其他基础设施，聘用大量的科技研发人才。在传统产业发展的基础上，只有大力扶持高新技术产业的发展，才能在全球科技竞争中占据一席之位，实现在全球价值链中分工地位的稳步攀升，避免陷入冒进式“跃升”的窘境。

制度改革不仅有利于一国（地区）更好地利用已有的比较优势，而且有助于该国（地区）充分发挥自身的潜在比较优势。一国（地区）具有良好的制度体系，便具备了对社会和个人优化资源配置的约束，能消除一些因信息不对称而产生的资源浪费和资源误配。良好的制度具有激励作用，能提高科技创新的积极性和研发成果的转换效率，从而加强一国的国际竞争力。开拓制度比较优势需要完善国家法制体系、改善制度环境，然而制度改革是一个比较漫长的过程。

第二节　未来研究展望

由于我们在学术研究和知识体系方面的局限，在该领域的研究还存在许多不足，将在日后的科研中予以完善。

第一，对相关数据的选取不够全面。鉴于数据统计方面的局限，本书的研究期限为 1996—2018 年，对东亚生产分工演化的历史发展特征未能详述。若能获取更早的历史数据，便可对不同历史阶段东亚生产分工体系的特征进行更加深入的研究，充分展现其变化特征。

第二，对生产环节的划分不够精细。将零部件生产阶段划分为简单零部件、复杂零部件和精密零部件三个阶段较为笼统，相对而言，若对某种产品（汽车或者笔记本电脑等）的各个生产环节进行深入研究，则可借助生产环节的差异性特征更准确地描述生产体系下经济体的分工状况。

第三，对研究内容的思考不够深入。东亚后进发展中国家的适宜性分工优化路径是充分发挥自身传统要素禀赋优势，在价值链生产分工中主要处于低端位置，长此以往，易陷入“低端锁定”的发展窘境。因此，东亚后进国家应逐渐提高自身高级要素的比较优势，递进式参与高附加值生产环节的专业化分工与贸易，避免冒进式“跃升”。但后进发展中国家遵循比较优势原则的发展窘境究竟该如何破解，还有待进一步研究。

附　录

附表 1.1　机械工业产品的生产阶段分类

产品内生产阶段	产品编码
简单零部件（53 种）	840290，840710，840731，840732，841090，844390，844811，844851，845090，845240，845290，848510，848590，850490，851120，851210，851230，851240，851790，852210，852290，852721，853400，853510，853661，853910，853931，853939，854011，854091，854129，854140，854150，854430，854511，854519，854610，854620，870831，870839，870860，870870，871411，871419，871491，871492，871493，871495，871496，871499，900662，900669，900990
复杂零部件（207 种）	840140，840390，840490，840690，840733，840734，840820，840991，840999，841111，841112，841122，841191，841210，841290，841391，841392，841490，841590，841790，841891，841899，841990，842099，842199，842290，842390，842490，843120，843131，843139，843141，843142，843149，843290，843390，843590，843790，843890，844190，844250，844819，844820，844831，844832，844833，844839，844841，844842，844849，844859，845190，845230，845390，845490，845530，845590，846620，846630，846692，846693，846694，846791，846792，846799，846890，847310，847329，847330，847340，847490，847690，847790，847890，847990，848110，848130，848180，848190，848210，848220，848230，848240，848250，848280，848291，848299，848310，848320，848330，848340，848350，848360，848390，848410，848490，850300，850710，850720，850730，850740，850780，850890，851110，851130，851140，851150，851180，851190，851220，851490，851590，851890，852729，852990，852910，853090，853190，853290，853310，853321，853329，853331，853339，853340，853390，853521，853529，853530，853540，853590，853610，853620，853630，853641，853649，853650，853669，853690，853710，853720，853810，853890，853929，854020，854081，854089，854099，854110，854121，854130，854160，854190，854219，854290，854390，854520，854590，854690，854711，860712，860719，860721，860729，860730，860791，860799，870600，870710，870790，870810，870821，870829，870840，870850，870880，870891，870892，870893，870894，870899，870990，871420，871494，871690，880310，880320，880330，880390，900590，900661，900791，900792，900890，901190，901390，901790，902290，902590，902690，902890，902990，903090，903190，903290，903300，910400

续表

产品内生产阶段	产品编码
精密零部件（33种）	840590，840729，840810，840910，841121，841181，841182，841199，841690，842091，842191，843110，843143，843490，843691，843699，843991，843999，844090，844240，846610，846691，847321，847590，848120，848140，854012，901090，901290，901490，901590，902230，902490
半成品（72种）	850690，850790，850990，851090，851290，851310，851390，851610，851680，851690，853990，854411，854419，854420，854441，854449，854451，854459，854460，854470，854710，854720，854790，900110，900120，900140，900150，900190，900211，900219，900220，900290，900311，900319，900390，900691，900699，901831，901832，901839，910811，910812，910819，910820，910891，910899，910911，910919，910990，911011，911012，911019，911090，911110，911120，911180，911190，911210，911280，911290，911410，911420，911430，911440，911490，920920，920930，920991，920992，920993，920994，920999
消费品（138种）	840721，841451，841460，841510，841810，841821，841822，841829，841830，841840，842211，842310，843311，843319，845011，845012，845019，845121，845210，847010，850910，850920，850930，850940，850980，851010，851020，851621，851629，851631，851632，851640，851650，851660，851671，851672，851679，851921，851929，851931，851939，851999，852020，852311，852312，852313，852320，852390，852410，852719，853921，853922，870310，870321，870322，870323，870324，870331，870332，870333，870390，871110，871120，871130，871140，871150，871190，871200，871310，871390，871500，871610，880110，880220，890310，890391，890392，890399，890710，900130，900410，900490，900510，900651，900652，900653，900659，900711，900810，902111，902119，902121，902129，902130，902140，902150，902190，910111，910112，910119，910121，910129，910191，910199，910211，910212，910219，910221，910229，910291，910299，910310，910390，910511，910519，910521，910529，910591，910599，911310，911320，911390，920110，920120，920190，920210，920290，920300，920410，920420，920510，920590，920600，920710，920790，920810，920890，920910
资本品（558种）	其他

注：在HS92六分位编码下，参考Kimura和Obashi（2010）的观点，并结合HS92编码和BEC分类标准的转换对照表，对机械工业中间品和制成品进行分组，其中制成品包括消费品和资本品，中间品包括零部件和半成品。针对零部件产品，更要基于产品复杂度指数的测算结果做进一步划分。

附表 1.2　1996 年全球重要经济体在产品内分工各阶段的 RSCA 聚类结果

国家（地区）	零部件			半成品	资本品	消费品
	简单零部件	复杂零部件	精密零部件			
阿尔及利亚	Ⅲ类	Ⅲ类	Ⅲ类	Ⅲ类	Ⅲ类	Ⅲ类
阿根廷	Ⅲ类	Ⅲ类	Ⅲ类	Ⅲ类	Ⅲ类	Ⅲ类
澳大利亚	Ⅲ类	Ⅱ类	Ⅱ类	Ⅲ类	Ⅱ类	Ⅱ类
奥地利	Ⅱ类	Ⅰ类	Ⅱ类	Ⅱ类	Ⅰ类	Ⅱ类
加拿大	Ⅲ类	Ⅱ类	Ⅱ类	Ⅲ类	Ⅱ类	Ⅲ类
中国	Ⅰ类	Ⅱ类	Ⅲ类	Ⅰ类	Ⅱ类	Ⅰ类
中国香港	Ⅰ类	Ⅱ类	Ⅲ类	Ⅰ类	Ⅱ类	Ⅰ类
哥伦比亚	Ⅲ类	Ⅲ类	Ⅲ类	Ⅲ类	Ⅲ类	Ⅲ类
捷克共和国	Ⅰ类	Ⅰ类	Ⅱ类	Ⅱ类	Ⅱ类	Ⅱ类
丹麦	Ⅲ类	Ⅱ类	Ⅱ类	Ⅱ类	Ⅱ类	Ⅱ类
芬兰	Ⅲ类	Ⅱ类	Ⅱ类	Ⅲ类	Ⅱ类	Ⅲ类
法国	Ⅰ类	Ⅰ类	Ⅱ类	Ⅱ类	Ⅰ类	Ⅰ类
德国	Ⅰ类	Ⅰ类	Ⅰ类	Ⅰ类	Ⅰ类	Ⅰ类
匈牙利	Ⅰ类	Ⅰ类	Ⅱ类	Ⅱ类	Ⅱ类	Ⅱ类
印度尼西亚	Ⅲ类	Ⅲ类	Ⅲ类	Ⅲ类	Ⅲ类	Ⅱ类
爱尔兰	Ⅲ类	Ⅲ类	Ⅱ类	Ⅱ类	Ⅲ类	Ⅱ类
以色列	Ⅲ类	Ⅱ类	Ⅱ类	Ⅲ类	Ⅱ类	Ⅱ类
意大利	Ⅰ类	Ⅰ类	Ⅱ类	Ⅱ类	Ⅰ类	Ⅱ类
日本	Ⅰ类	Ⅰ类	Ⅱ类	Ⅰ类	Ⅰ类	Ⅰ类
韩国	Ⅱ类	Ⅱ类	Ⅲ类	Ⅱ类	Ⅱ类	Ⅱ类
墨西哥	Ⅱ类	Ⅱ类	Ⅲ类	Ⅱ类	Ⅱ类	Ⅱ类
荷兰	Ⅱ类	Ⅱ类	Ⅱ类	Ⅲ类	Ⅱ类	Ⅱ类
挪威	Ⅲ类	Ⅲ类	Ⅱ类	Ⅲ类	Ⅲ类	Ⅲ类
波兰	Ⅰ类	Ⅱ类	Ⅱ类	Ⅱ类	Ⅱ类	Ⅰ类
葡萄牙	Ⅱ类	Ⅲ类	Ⅲ类	Ⅲ类	Ⅲ类	Ⅱ类
印度	Ⅱ类	Ⅱ类	Ⅲ类	Ⅲ类	Ⅲ类	Ⅱ类
西班牙	Ⅱ类	Ⅱ类	Ⅲ类	Ⅲ类	Ⅱ类	Ⅱ类
瑞典	Ⅱ类	Ⅰ类	Ⅱ类	Ⅲ类	Ⅱ类	Ⅱ类
瑞士	Ⅱ类	Ⅰ类	Ⅰ类	Ⅰ类	Ⅰ类	Ⅰ类
土耳其	Ⅲ类	Ⅲ类	Ⅲ类	Ⅲ类	Ⅲ类	Ⅲ类
英国	Ⅱ类	Ⅰ类	Ⅰ类	Ⅱ类	Ⅰ类	Ⅰ类
美国	Ⅰ类	Ⅰ类	Ⅰ类	Ⅱ类	Ⅰ类	Ⅰ类

资料来源：利用 SPSS Statistics 20 软件统计得出。

附表 1.3　2003 年全球重要经济体在产品内分工各阶段的 RSCA 聚类结果

国家（地区）	零部件			半成品	资本品	消费品
	简单零部件	复杂零部件	精密零部件			
阿尔及利亚	Ⅲ类	Ⅲ类	Ⅲ类	Ⅲ类	Ⅲ类	Ⅲ类
阿根廷	Ⅲ类	Ⅲ类	Ⅲ类	Ⅲ类	Ⅲ类	Ⅲ类
澳大利亚	Ⅱ类	Ⅱ类	Ⅱ类	Ⅲ类	Ⅱ类	Ⅱ类
奥地利	Ⅱ类	Ⅰ类	Ⅰ类	Ⅱ类	Ⅰ类	Ⅱ类
比利时	Ⅱ类	Ⅱ类	Ⅱ类	Ⅱ类	Ⅱ类	Ⅰ类
巴西	Ⅱ类	Ⅱ类	Ⅲ类	Ⅲ类	Ⅱ类	Ⅲ类
加拿大	Ⅱ类	Ⅱ类	Ⅱ类	Ⅲ类	Ⅱ类	Ⅲ类
智利	Ⅲ类	Ⅲ类	Ⅲ类	Ⅲ类	Ⅲ类	Ⅲ类
中国	Ⅰ类	Ⅱ类	Ⅱ类	Ⅰ类	Ⅱ类	Ⅰ类
中国香港	Ⅰ类	Ⅱ类	Ⅲ类	Ⅰ类	Ⅱ类	Ⅰ类
哥伦比亚	Ⅲ类	Ⅲ类	Ⅲ类	Ⅲ类	Ⅲ类	Ⅲ类
捷克共和国	Ⅰ类	Ⅰ类	Ⅰ类	Ⅰ类	Ⅰ类	Ⅱ类
丹麦	Ⅱ类	Ⅱ类	Ⅰ类	Ⅱ类	Ⅰ类	Ⅱ类
芬兰	Ⅱ类	Ⅱ类	Ⅱ类	Ⅲ类	Ⅱ类	Ⅲ类
法国	Ⅰ类	Ⅰ类	Ⅰ类	Ⅰ类	Ⅰ类	Ⅰ类
德国	Ⅰ类	Ⅰ类	Ⅰ类	Ⅰ类	Ⅰ类	Ⅰ类
匈牙利	Ⅰ类	Ⅰ类	Ⅱ类	Ⅰ类	Ⅱ类	Ⅱ类
印度尼西亚	Ⅱ类	Ⅱ类	Ⅲ类	Ⅱ类	Ⅲ类	Ⅱ类
爱尔兰	Ⅲ类	Ⅲ类	Ⅲ类	Ⅱ类	Ⅲ类	Ⅲ类
以色列	Ⅱ类	Ⅱ类	Ⅰ类	Ⅱ类	Ⅱ类	Ⅲ类
意大利	Ⅰ类	Ⅰ类	Ⅰ类	Ⅰ类	Ⅰ类	Ⅰ类
日本	Ⅰ类	Ⅰ类	Ⅰ类	Ⅰ类	Ⅰ类	Ⅱ类
哈萨克斯坦	Ⅲ类	Ⅲ类	Ⅲ类	Ⅲ类	Ⅲ类	Ⅲ类
韩国	Ⅱ类	Ⅱ类	Ⅲ类	Ⅰ类	Ⅱ类	Ⅱ类
马来西亚	Ⅰ类	Ⅱ类	Ⅱ类	Ⅰ类	Ⅱ类	Ⅱ类
墨西哥	Ⅱ类	Ⅱ类	Ⅱ类	Ⅱ类	Ⅱ类	Ⅱ类
荷兰	Ⅱ类	Ⅱ类	Ⅰ类	Ⅱ类	Ⅱ类	Ⅱ类
尼日利亚	Ⅲ类	Ⅲ类	Ⅲ类	Ⅲ类	Ⅲ类	Ⅲ类
挪威	Ⅲ类	Ⅱ类	Ⅱ类	Ⅲ类	Ⅲ类	Ⅲ类
菲律宾	Ⅱ类	Ⅱ类	Ⅲ类	Ⅱ类	Ⅲ类	Ⅲ类

续表

国家（地区）	零部件			半成品	资本品	消费品
	简单零部件	复杂零部件	精密零部件			
波兰	Ⅰ类	Ⅰ类	Ⅱ类	Ⅰ类	Ⅱ类	Ⅰ类
葡萄牙	Ⅱ类	Ⅱ类	Ⅲ类	Ⅱ类	Ⅱ类	Ⅱ类
科威特	Ⅲ类	Ⅲ类	Ⅲ类	Ⅲ类	Ⅲ类	Ⅲ类
罗马尼亚	Ⅱ类	Ⅱ类	Ⅱ类	Ⅱ类	Ⅲ类	Ⅲ类
俄罗斯	Ⅲ类	Ⅲ类	Ⅲ类	Ⅲ类	Ⅲ类	Ⅲ类
沙特阿拉伯	Ⅲ类	Ⅲ类	Ⅲ类	Ⅲ类	Ⅲ类	Ⅲ类
印度	Ⅰ类	Ⅱ类	Ⅱ类	Ⅱ类	Ⅱ类	Ⅱ类
新加坡	Ⅰ类	Ⅰ类	Ⅰ类	Ⅰ类	Ⅱ类	Ⅱ类
斯洛伐克	Ⅱ类	Ⅱ类	Ⅱ类	Ⅱ类	Ⅱ类	Ⅲ类
越南	Ⅱ类	Ⅲ类	Ⅲ类	Ⅱ类	Ⅲ类	Ⅲ类
南非	Ⅱ类	Ⅱ类	Ⅱ类	Ⅲ类	Ⅱ类	Ⅲ类
西班牙	Ⅰ类	Ⅰ类	Ⅱ类	Ⅱ类	Ⅱ类	Ⅰ类
瑞典	Ⅱ类	Ⅰ类	Ⅰ类	Ⅱ类	Ⅰ类	Ⅱ类
瑞士	Ⅱ类	Ⅰ类	Ⅰ类	Ⅰ类	Ⅰ类	Ⅰ类
泰国	Ⅰ类	Ⅱ类	Ⅲ类	Ⅱ类	Ⅲ类	Ⅱ类
土耳其	Ⅱ类	Ⅱ类	Ⅲ类	Ⅱ类	Ⅱ类	Ⅱ类
乌克兰	Ⅲ类	Ⅱ类	Ⅱ类	Ⅲ类	Ⅱ类	Ⅲ类
英国	Ⅰ类	Ⅰ类	Ⅰ类	Ⅱ类	Ⅰ类	Ⅰ类
美国	Ⅰ类	Ⅰ类	Ⅰ类	Ⅰ类	Ⅰ类	Ⅰ类

资料来源：利用 SPSS Statistics 20 软件统计得出。

附表 1.4　2013 年全球重要经济体在产品内分工各阶段的 RSCA 聚类结果

国家（地区）	零部件			半成品	资本品	消费品
	简单零部件	复杂零部件	精密零部件			
阿尔及利亚	Ⅲ类	Ⅲ类	Ⅲ类	Ⅲ类	Ⅲ类	Ⅲ类
阿根廷	Ⅲ类	Ⅲ类	Ⅲ类	Ⅲ类	Ⅲ类	Ⅲ类
澳大利亚	Ⅲ类	Ⅲ类	Ⅱ类	Ⅲ类	Ⅲ类	Ⅲ类
奥地利	Ⅱ类	Ⅰ类	Ⅰ类	Ⅱ类	Ⅰ类	Ⅰ类
比利时	Ⅱ类	Ⅱ类	Ⅱ类	Ⅱ类	Ⅱ类	Ⅱ类
巴西	Ⅲ类	Ⅱ类	Ⅲ类	Ⅲ类	Ⅱ类	Ⅲ类
加拿大	Ⅲ类	Ⅱ类	Ⅱ类	Ⅲ类	Ⅱ类	Ⅲ类
智利	Ⅲ类	Ⅲ类	Ⅲ类	Ⅲ类	Ⅲ类	Ⅲ类
中国	Ⅰ类	Ⅰ类	Ⅲ类	Ⅰ类	Ⅰ类	Ⅰ类
中国香港	Ⅱ类	Ⅱ类	Ⅱ类	Ⅰ类	Ⅱ类	Ⅰ类
哥伦比亚	Ⅲ类	Ⅲ类	Ⅲ类	Ⅲ类	Ⅲ类	Ⅲ类
捷克共和国	Ⅱ类	Ⅰ类	Ⅱ类	Ⅱ类	Ⅰ类	Ⅱ类
丹麦	Ⅲ类	Ⅱ类	Ⅰ类	Ⅱ类	Ⅰ类	Ⅱ类
芬兰	Ⅲ类	Ⅱ类	Ⅱ类	Ⅲ类	Ⅱ类	Ⅲ类
法国	Ⅱ类	Ⅰ类	Ⅰ类	Ⅱ类	Ⅰ类	Ⅰ类
德国	Ⅱ类	Ⅰ类	Ⅰ类	Ⅰ类	Ⅰ类	Ⅰ类
匈牙利	Ⅱ类	Ⅰ类	Ⅱ类	Ⅱ类	Ⅱ类	Ⅱ类
印度尼西亚	Ⅱ类	Ⅲ类	Ⅲ类	Ⅱ类	Ⅲ类	Ⅱ类
爱尔兰	Ⅲ类	Ⅲ类	Ⅲ类	Ⅲ类	Ⅲ类	Ⅲ类
以色列	Ⅲ类	Ⅱ类	Ⅱ类	Ⅱ类	Ⅱ类	Ⅱ类
意大利	Ⅱ类	Ⅰ类	Ⅰ类	Ⅰ类	Ⅰ类	Ⅰ类
日本	Ⅱ类	Ⅰ类	Ⅰ类	Ⅰ类	Ⅰ类	Ⅱ类
哈萨克斯坦	Ⅲ类	Ⅲ类	Ⅲ类	Ⅲ类	Ⅲ类	Ⅲ类
韩国	Ⅱ类	Ⅱ类	Ⅲ类	Ⅱ类	Ⅱ类	Ⅱ类
科威特	Ⅲ类	Ⅲ类	Ⅲ类	Ⅲ类	Ⅲ类	Ⅲ类
马来西亚	Ⅱ类	Ⅱ类	Ⅱ类	Ⅱ类	Ⅱ类	Ⅱ类
墨西哥	Ⅱ类	Ⅱ类	Ⅱ类	Ⅱ类	Ⅱ类	Ⅱ类
荷兰	Ⅱ类	Ⅱ类	Ⅰ类	Ⅱ类	Ⅱ类	Ⅰ类
尼日利亚	Ⅲ类	Ⅲ类	Ⅲ类	Ⅲ类	Ⅲ类	Ⅲ类
挪威	Ⅲ类	Ⅲ类	Ⅱ类	Ⅲ类	Ⅲ类	Ⅲ类

续表

国家（地区）	零部件			半成品	资本品	消费品
	简单零部件	复杂零部件	精密零部件			
菲律宾	Ⅰ类	Ⅱ类	Ⅱ类	Ⅱ类	Ⅱ类	Ⅱ类
波兰	Ⅱ类	Ⅱ类	Ⅱ类	Ⅱ类	Ⅱ类	Ⅱ类
葡萄牙	Ⅱ类	Ⅱ类	Ⅲ类	Ⅱ类	Ⅱ类	Ⅱ类
科威特	Ⅲ类	Ⅲ类	—	—	Ⅲ类	Ⅲ类
罗马尼亚	Ⅱ类	Ⅱ类	Ⅲ类	Ⅱ类	Ⅱ类	Ⅱ类
俄罗斯	Ⅲ类	Ⅲ类	Ⅲ类	Ⅲ类	Ⅲ类	Ⅲ类
沙特阿拉伯	Ⅲ类	Ⅲ类	Ⅲ类	Ⅲ类	Ⅲ类	Ⅲ类
印度	Ⅱ类	Ⅱ类	Ⅱ类	Ⅱ类	Ⅱ类	Ⅲ类
新加坡	Ⅱ类	Ⅰ类	Ⅰ类	Ⅱ类	Ⅱ类	Ⅱ类
斯洛伐克	Ⅲ类	Ⅱ类	Ⅲ类	Ⅱ类	Ⅱ类	Ⅱ类
越南	Ⅱ类	Ⅲ类	Ⅲ类	Ⅱ类	Ⅲ类	Ⅱ类
南非	Ⅲ类	Ⅱ类	Ⅱ类	Ⅲ类	Ⅱ类	Ⅱ类
西班牙	Ⅱ类	Ⅰ类	Ⅱ类	Ⅱ类	Ⅰ类	Ⅰ类
瑞典	Ⅱ类	Ⅰ类	Ⅰ类	Ⅱ类	Ⅰ类	Ⅰ类
瑞士	Ⅲ类	Ⅱ类	Ⅰ类	Ⅰ类	Ⅱ类	Ⅰ类
泰国	Ⅱ类	Ⅱ类	Ⅲ类	Ⅱ类	Ⅱ类	Ⅰ类
土耳其	Ⅲ类	Ⅱ类	Ⅲ类	Ⅱ类	Ⅱ类	Ⅱ类
乌克兰	Ⅲ类	Ⅱ类	Ⅱ类	Ⅲ类	Ⅱ类	Ⅲ类
英国	Ⅱ类	Ⅰ类	Ⅰ类	Ⅱ类	Ⅰ类	Ⅰ类
美国	Ⅱ类	Ⅰ类	Ⅰ类	Ⅰ类	Ⅰ类	Ⅰ类

资料来源：利用 SPSS Statistics 20 软件统计得出。

附表 1.5　2013 年全球重要经济体比较优势主要载体的综合得分情况

经济体	劳动力成本优势综合得分	物质资本优势综合得分	人力资本优势综合得分	技术优势综合得分	制度质量优势综合得分
阿根廷	-0.4491	-0.2540	-0.1145	-0.3971	-0.2814
澳大利亚	0.1856	0.5172	0.7548	0.2684	1.1299
奥地利	0.1326	-0.2276	0.7608	0.4668	0.7960
比利时	-0.4840	-0.4602	0.6671	0.3805	0.9230
巴西	0.4159	0.1831	-0.1245	-0.3734	-0.3240
加拿大	0.4010	0.0207	0.5336	0.4560	0.5794
瑞士	0.5166	-0.3816	0.9042	0.6256	0.6460
智利	0.0701	0.0322	0.1747	-0.5226	0.3334
中国	1.0362	2.7520	-0.8134	0.2771	-1.1388
中国香港	0.5900	0.1927	0.1146	0.1210	0.9189
哥伦比亚	0.1811	0.5404	-0.4022	-0.7194	0.3890
捷克共和国	0.1005	-0.2734	-0.0595	0.0684	0.3616
德国	0.0075	-0.4458	0.4911	0.4959	0.9356
丹麦	-0.0747	-0.4258	1.0154	0.7832	0.9942
阿尔及利亚	-1.1157	2.0114	-0.5495	-0.9362	-1.0004
西班牙	-0.2590	-0.7184	0.4224	-0.0353	0.6376
芬兰	-0.2200	-0.7027	0.8437	0.8803	1.0671
法国	-0.5837	-0.2315	0.5985	0.5142	0.7555
英国	-0.0915	-0.2697	0.3177	0.2694	0.9124
匈牙利	-0.3301	0.1655	-0.2356	-0.0382	0.3514
印度尼西亚	0.0524	1.1091	-1.0361	-1.0609	-1.2684
印度	-0.7281	0.7974	-1.0323	-0.8125	-1.0660
爱尔兰	-0.2501	-1.0945	0.4224	0.2133	0.5642
以色列	-0.5607	-0.1331	0.2663	0.8895	0.0713
意大利	-0.7874	-1.1759	0.2452	-0.1861	0.3675
日本	-0.4775	-0.0896	0.3835	0.9037	0.2415
哈萨克斯坦	0.4864	0.2614	-0.5921	-0.3473	-1.1324
韩国	0.4596	0.5790	0.3366	1.0001	0.1582
科威特	0.9361	-0.3164	-0.9560	-0.5704	-1.0184
墨西哥	-0.3376	-0.4165	-0.5055	-0.6108	-0.0798
马来西亚	-0.0684	0.7430	-0.5035	-0.0025	-0.4456
尼日利亚	-2.1166	-0.1924	-1.4958	-0.5746	-1.5008
荷兰	0.1377	-0.9815	0.8029	0.4838	0.9256

续表

经济体	劳动力成本优势综合得分	物质资本优势综合得分	人力资本优势综合得分	技术优势综合得分	制度质量优势综合得分
挪威	0. 1641	0. 6818	1. 0005	0. 6749	0. 6739
菲律宾	-0. 4716	1. 2296	-1. 0198	-0. 1679	-0. 9039
波兰	0. 0682	-0. 7442	-0. 1422	-0. 3256	0. 0106
葡萄牙	-0. 2628	-1. 2952	0. 2102	-0. 0157	0. 2571
卡塔尔	2. 5818	0. 1698	-0. 1415	-0. 4943	-0. 6672
罗马尼亚	-0. 2299	-0. 2492	-0. 5759	-0. 5497	-0. 2084
俄罗斯	0. 4793	-0. 4624	-0. 2150	-0. 1058	-1. 2349
沙特阿拉伯	-0. 4150	0. 3719	-0. 5612	-0. 6008	-1. 0751
新加坡	0. 8386	0. 3880	-0. 3105	0. 7395	0. 6507
斯洛伐克	0. 2690	-0. 3207	-0. 2048	-0. 1332	0. 1713
瑞典	-0. 0660	-0. 0919	0. 7706	0. 8963	1. 2338
泰国	0. 9648	0. 2086	-0. 4414	-0. 6915	-0. 6621
土耳其	-0. 7993	0. 2746	-0. 3783	-0. 4949	-0. 2482
乌克兰	0. 1508	-1. 6264	-0. 0279	-0. 5108	-1. 3253
越南	0. 9932	0. 5282	-0. 3941	-0. 4185	-1. 4527
南非	-1. 0157	0. 0603	-0. 5885	-0. 5631	-0. 6411
美国	-0. 0246	-0. 2368	1. 3849	0. 8509	0. 6181

数据来源：根据因子分析模型的分析结果整理计算得到。

参 考 文 献

[1] 毕其格，宝音，李百岁．内蒙古人口结构与区域经济耦合的关联分析［J］．地理研究，2007（5）：995-1004.

[2] 陈霜华．10+3 各国贸易品显性比较优势的计量分析［J］．经济问题探索，2005（1）：37-40.

[3] 陈勇．区域生产网络：东亚经济体的新分工形式［J］．世界经济研究，2006（2）：82-88.

[4] 代谦，别朝霞．人力资本、动态比较优势与发展中国家产业结构升级［J］．世界经济，2006（11）：70-84.

[5] 丁宋涛，刘厚俊．要素禀赋结构视角下的东亚生产网络：演化规律与中国的战略选择［J］．江海学刊，2013（4）：218-225.

[6] 董沛武，张雪舟．林业产业与森林生态系统耦合度测度研究［J］．中国软科学，2013（11）：178-184.

[7] 杜湘红．水资源环境与社会经济系统耦合建模和仿真测度：基于洞庭湖流域的研究［J］．经济地理，2014，34（8）：151-155.

[8] 杜修立，王维国．中国出口贸易的技术结构及其变迁：1980—2003［J］．经济研究，2007（7）：137-151.

[9] 高越，高峰．产品内贸易与外商直接投资的关系：理论模型与基于中国数据的经验分析［J］．数量经济技术经济研究，2006（8）：98-105.

[10] 高越．国际生产分割模式下企业价值链升级研究［M］．北京：人民出版社，2019.

[11] 关志雄．从美国市场看"中国制造"的实力：以信息技术产品为中心［J］．国际经济评论，2002（4）：5-12.

［12］关志雄，郎平．中国作为经济大国的崛起及其对亚洲的影响［J］．国际经济评论，2001（22）：14-16.

［13］郭晶，赵越．高技术产业国际分工地位的影响因素：基于完全国内增加值率视角的跨国实证［J］．国际商务（对外经济贸易大学学报），2012（2）：87-95.

［14］何晓群．多元统计分析［M］．北京：中国人民大学出版社，2004.

［15］洪银兴．从比较优势到竞争优势：兼论国际贸易的比较利益理论的缺陷［J］．经济研究，1997（6）：20-26.

［16］胡昭玲，宋佳．基于出口价格的中国国际分工地位研究［J］．国际贸易问题，2013（3）：15-25.

［17］李晓，丁一兵，秦婷婷．中国在东亚经济中地位的提升：基于贸易动向的考查［J］．世界经济与政治论坛，2005（5）：1-7.

［18］林冰．产业集聚对中国制造业参与国际分工影响研究［M］．北京：经济科学出版社，2017.

［19］林桂军，汤碧，沈秋君．东亚区域生产网络发展与东亚区域经济合作的深化［J］．国际贸易问题，2012（11）：3-18.

［20］林毅夫，蔡昉，李周．中国奇迹：发展战略和经济改革［M］．增订本．上海：上海三联书店，上海人民出版社，1999.

［21］林毅夫，蔡昉，李周．比较优势与发展战略：对“东亚奇迹”的再解释［J］．中国社会科学，1999（5）：4-20.

［22］林毅夫，李永军．比较优势、竞争优势与发展中国家的经济发展［J］．管理世界，2003（7）：21-28.

［23］刘思峰．灰色系统理论的产生与发展［J］．南京航空航天大学学报，2004，36（2）：265-271.

［24］刘廷华，周瑾，刘潇．中国工业企业学习效应与效率收敛分析［J］．统计与决策，2018，34（24）：177-181.

［25］刘耀彬，宋学锋．城市化与生态环境耦合模式及判别［J］．地理科学，2005，25（4）：408-414.

[26] 刘志彪，刘晓昶．垂直专业化：经济全球化中的贸易和生产模式 [J]．经济理论与经济管理，2001 (10)：5-10.

[27] 卢锋．产品内分工 [J]．经济学（季刊），2004，4 (1)：55-82.

[28] 逯进，周惠民．中国省域人力资本与经济增长耦合关系的实证分析 [J]．数量经济技术经济研究，2013 (9)：3-19.

[29] 诺斯．经济史中的结构与变迁 [M]．上海：上海三联出版社，上海人民出版社，1994.

[30] 彭支伟，刘钧霆．东亚垂直专业化分工的发展及其影响因素的实证研究 [J]．世界经济研究，2008 (12)：74-78.

[31] 彭支伟，刘钧霆．东亚经济合作的现状、趋势与展望 [J]．经济问题探索，2012 (3)：30-34.

[32] 施炳展．中国出口产品的国际分工地位研究 [J]．世界经济，2010 (1)：56-62.

[33] 石柳，张捷．东亚主要经济体的比较优势、贸易互补性与竞争性研究 [J]．产经评论，2013 (2)：133-149.

[34] 史龙祥．从比较优势看东亚经济发展模式的变迁 [J]．亚太经济，2006 (1)：13-16.

[35] 斯蒂格利茨，等．东亚奇迹的反思 [M]．王玉清，等译．北京：中国人民大学出版社，2003.

[36] 孙晓刚．从动态比较优势理论看东亚模式 [J]．世界经济研究，2001 (3)：19-22.

[37] 唐海燕，张会清．产品内国际分工与发展中国家的价值链提升 [J]．经济研究，2009 (9)：81-93.

[38] 田民，刘思峰，卜志坤．灰色关联度算法模型的研究综述 [J]．统计与决策，2008 (1)：24-27.

[39] 田朔．汇率变动对中国企业出口的影响 [M]．北京：中国经济出版社，2019.

[40] 王峰．垂直专业化分工、外部需求与东亚区域内贸易扩张：基于中国数据的面板协整分析 [J]．世界经济与政治论坛，

2008（3）:11-18.

［41］王晓红，张宝生．知识流动视角下的组织制度与组织环境耦合度分析［J］．工业技术经济，2011（6）：89-93.

［42］吴福象．经济全球化中制造业垂直分离的研究［J］．财经科学，2005（3）：113-120.

［43］吴石磊．中国文化产业发展对居民消费的影响研究［M］．北京：经济科学出版社，2016.

［44］吴石磊．现代农业创业投资的梭形投融资机制构建及支持政策研究［M］．北京：经济科学出版社，2018.

［45］吴文恒，牛叔文．甘肃省人口与资源环境耦合的演进分析［J］．中国人口科学，2006（2）：81-86，96.

［46］吴跃明，郎东锋，张子珩，等．环境—经济系统协调度模型及其指标体系［J］．中国人口·资源与环境，1996（2）：51-54.

［47］谢乃明，刘思峰．离散 GM（1，1）模型与灰色预测模型建模机理［J］．系统工程理论与实践，2005，25（1）：93-99.

［48］杨高举，黄先海．中国高技术产业的国际分工地位研究：基于非竞争型投入占用产出模型的跨国分析［J］．世界经济，2010（5）：82-100.

［49］姚洋，张晔．中国出口品国内技术含量升级的动态研究：来自全国及江苏省、广东省的证据［J］．中国社会科学，2008（2）：67-82.

［50］尹翔硕，徐建斌．论落后国家的贸易条件、比较优势与技术进步［J］．世界经济文汇，2002（6）：14-26.

［51］于津平．中国与东亚主要国家和地区间的比较优势与贸易互补性［J］．世界经济，2003（5）：33-40.

［52］张伯伟，胡学文．东亚区域生产网络的动态演变：基于零部件贸易产业链的分析［J］．世界经济研究，2011（3）：81-86.

［53］张帆．论“后雁行模式”时期的东亚区域经济一体化［J］．国际贸易问题，2003（8）：13-17.

［54］张红霞．对外贸易差异影响我国区域经济协调发展研究［M］.

北京：人民出版社，2018.

［55］张纪．产品内国际分工的内在动因：理论模型与基于中国省际面板数据的实证研究［J］．数量经济技术经济研究，2007（12）：39-48.

［56］张纪．基于要素禀赋理论的产品内分工动因研究［J］．世界经济研究，2013（5）：3-9.

［57］张小蒂，孙景蔚．基于垂直专业化分工的中国产业国际竞争力分析［J］．世界经济，2006（5）：12-21.

［58］张志新．基于城乡统筹发展的农村劳动力转移与政府配套政策研究［M］．北京：人民出版社，2019.

［59］郑昭阳，孟猛．中国对外贸易的相对技术水平变化分析［J］．世界经济研究，2009（10）：45-52.

［60］朱敏，杨慧，袁海东．人才国际化与中国企业"走出去"［J］．科学学研究，2019，37（2）：55-63，120.

［61］邹薇，代谦．技术模仿，人力资本积累与经济赶超［J］．中国社会科学，2004（5）：26-38.

［62］AKAMATSU K. Trade of woolen products in Japan［J］. Studies of Commerce and Economy，1935，13（1）：129-212.

［63］AMIGHINI A. China in the international fragmentation of production：evidence from the ICT industry［J］. The European Journal of Comparative Economics，2005，2（2）：203-219.

［64］AMSDEN A H，CHU W. Beyond late development：Taiwan's upgrading policies［M］. MIT Press，2003.

［65］ANDO M，KIMURA F. The formation of international production and distribution networks in East Asia［C］//International Trade in East Asia，NBER-East Asia Seminar on Economics. University of Chicago Press，2005，14：177-216.

［66］ATHUKORALA P，YAMASHITA N. Production fragmentation and trade integration：East Asia in a global context［J］. The North American

Journal of Economics and Finance, 2006, 17 (3): 233-256.

[67] ATHUKORALA P. Product fragmentation and trade patterns in East Asia [J]. Asian Economic Papers, 2005, 4 (3): 1-27.

[68] BALASSA B. The newly-industrializing developing countries after the oil crisis [J]. Review of World Economics, 1981, 117 (1): 142-194.

[69] BALASSA B. Trade liberalisation and "revealed" comparative advantage [J]. The Manchester School, 1965, 33 (2): 99-123.

[70] BELLOC M, BOWLES S. The persistence of inferior cultural-institutional conventions [J]. The American Economic Review, 2013, 103 (3): 93-98.

[71] BERNARD A B, EATON J, JENSON J B, et al. Plants and productivity in international trade [R]. National Bureau of Economic Research, 2000.

[72] BERNARD M , RAVENHILL J. Beyond product cycles and flying geese: regionalization, hierarchy, and the industrialization of East Asia [J]. World Politics, 1995, 47 (2): 171-209.

[73] BHAGWATI J. Immiserizing growth: a geometrical note [J]. The Review of Economic Studies, 1958, 25 (3): 201-205.

[74] BOND S, ELSTON J A, MAIRESSE J, et al. Financial factors and investment in Belgium, France, Germany, and the United Kingdom: a comparison using company panel data [J]. Review of Economics and Statistics, 2003, 85 (1): 153-165.

[75] CHOR D. Unpacking sources of comparative advantage: a quantitative approach [J]. Journal of International Economics, 2010, 82 (2): 152-167.

[76] COSTINOT A, KOMUNJER I. What goods do countries trade? New Ricardian predictions [R]. National Bureau of Economic Research, 2007.

[77] COSTINOT A. An elementary theory of comparative advantage [J].

Econometrica, 2009, 77 (4): 1165-1192.

[78] COSTINOT A. Contract enforcement, division of labor, and the pattern of trade [D]. Mimeograph, Princeton University, 2005.

[79] DEAN J, FUNG K C, WANG Z. Measuring the vertical specialization in Chinese trade [R]. Working Papers, Santa Cruz Center for International Economics, 2008.

[80] DEE P. East Asian economic integration and its impact on future growth [J]. The World Economic, 2007, 30 (3): 405.

[81] DIXIT A K, STIGLITZ J E. Monopolistic competition and optimum product diversity [J]. The American Economic Review, 1977, 67 (3): 297-308.

[82] DOLLAR D, WOLFF E N. Competitiveness, convergence and international specialization [M]. Cambridge, Massachusetts: The MIT Press, 1993.

[83] EATON J, KORTUM S. Technology, geography, and trade [J]. Econometrica, 2002, 70 (5): 1741-1779.

[84] ETHIER W J. National and international returns to scale in the modern theory of international trade [J]. The American Economic Review, 1982, 72 (3): 389-405.

[85] FEENSTRA R C, HANSON G H. Ownership and control in outsourcing to China: estimating the property-rights theory of the firm [R]. National Bureau of Economic Research, 2004.

[86] FEENSTRA R C. Integration of trade and disintegration of production in the globle economy [J]. Journal of Economic Perspective, 1998, 12 (4): 31-50.

[87] FINDLAY R, KIERZKOWSKI H. International trade and human capital: a simple general equilibrium model [J]. Journal of Political Economy, 1983, 91 (6): 957-978.

[88] GEISHECKER I, GÖRG H. Services offshoring and wages:

evidence from micro data [J]. Oxford Economic Papers, 2011, 65 (1): 124-146.

[89] GÖRG H. Fragmentation and trade: US inward processing trade in the EU [J]. Weltwirtschaftliches Archiv, 2000, 136 (3): 403-422.

[90] GROSSMAN G M, HELPMAN E. Quality ladders in the theory of growth [J]. The Review of Economic Studies, 1991, 58 (1): 43-61.

[91] GROSSMAN G M, HELPMAN E. Trade, knowledge spillovers, and growth [R]. National Bureau of Economic Research, 1990.

[92] GROSSMAN G M, MAGGI G. Diversity and trade [J]. The American Economic Review, 2000, 90 (5): 1255-1275.

[93] GROSSMAN G M. HELPMAN E. Comparative advantage and long-run growth [R]. National Bureau of Economic Research, 1989.

[94] GROSSMAN G M, HELPMAN E. Trade, innovation, and growth [J]. The American Economic Review, 1990, 80 (2): 86-91.

[95] HADDAD M. Trade integration in East Asia: the role of China and production networks [J]. World Bank Policy Research Working Paper, No. 4160, 2007.

[96] HARRISON A , RODRíGUEZ-CLARE A. Trade, foreign investment, and industrial policy for developing countries [C]. Handbook of Development Economics, 2010 (5): 4039-4214.

[97] HART - LANDSBERG M, BURKETT P. Contradictions of capitalist industrialization in East Asia: a critique of "Flying Geese" theories of development [J]. Economic Geography, 1998, 74 (2): 87-110.

[98] HATCH W, YAMAMURA K. Asia in Japan's embrace: building a Regional Production Alliance [M]. Cambridge University Press, 1996.

[99] HELPMAN E, KRUGMAN P R. Market structure and foreign trade: increasing returns, imperfect competition, and the international economy [M]. MIT press, 1985.

[100] HELPMAN E. International trade in the presence of product differ-

entiation, economies of scale and monopolistic competition: a Chamberlin-Heckscher-Ohlin approach [J]. Journal of International Economics, 1981, 11 (3): 305-340.

[101] HUMMELS D, ISHII J, YI K M. The nature and growth of vertical specialisation in world trade [J]. Journal of International Economics, 2001, 54 (1): 75-96.

[102] JONES R W . A framework for fragmentation [R]. Tinbergen Institute Discussion Paper, 2000.

[103] JONES R W, KIERZKOWSKI H. International fragmentation and the new economic geography [J]. The North American Journal of Economics and Finance, 2005, 16 (1): 1-10.

[104] JUDD K L. Redistributive taxation in a simple perfect foresight model [J]. Journal of Public Economics, 1985, 28 (1): 59-83.

[105] KASAHARA S. The Flying Geese Paradigm: a critical study of its application to East Asia regional development [R]. UNCTAD Working Paper, 2004.

[106] KENEN P B. Nature, capital, and trade [J]. The Journal of Political Economy, 1965, 73 (5): 437-460.

[107] KIMURA F, OBASHI A. International production networks in machinery industries: structure and its evolution [R]. ERIA Discussion Paper Series, 2010 (2010-09) .

[108] KIMURA F, ANDO M. Fragmentation and agglomeration matter: Japanese multinationals in Latin America and East Asia [J]. The North American Journal of Economics and Finance, 2003, 14 (3): 287-317.

[109] KIMURA F, TAKAHASHI Y, HAYAKAWA K. Fragmentation and parts and components trade: comparison between East Asia and Europe [J]. The North American Journal of Economics and Finance, 2007, 18 (1): 23-40.

[110] KOJIMA K. The "flying geese" model of Asian economic devel-

opment: origin, theoretical extensions, and regional policy implications [J]. Journal of Asian Economics, 2000, 11 (4): 375-401.

[111] KOOPMAN R, POWERS W, WANG Z, WEI S J. Give credit where credit is due: tracing value added in global production chains [R]. NBER Working Paper, No. 16426, 2010.

[112] KRUGMAN P. The narrow moving band, the dutch disease, and the competitive consequences of Mrs. Thatcher: notes on trade in the presence of dynamic scale economies [J]. Journal of Development Economics, 1987, 27 (1-2): 41-55.

[113] LALL S, ALBALADEJO M, ZHANG J. Mapping fragmentation: electronics and automobiles in East Asia and Latin America [J]. Oxford Development Studies, 2004, 32 (3): 407-432.

[114] LALL S, WEISS J, OIKAWA H. China′s competitive threat to Latin America: an analysis for 1990—2002 [J]. Oxford Development Studies, 2005, 33 (2): 163-194.

[115] LALL S, WEISS J, ZHANG J. The "Sophistication" of exports: a new trade measure [J]. World Development, 2006, 34 (2): 222-237.

[116] LEMOINE F, UNAL-KESENCI D. China in the international segmentation of production processes [M]. CEPII, 2002.

[117] LEVCHENKO A, ZHANG J. The evolution of comparative advantage: measurement and welfare implications [R]. National Bureau of Economic Research, 2011.

[118] LUCAS R E. Making a miracle [J]. Econometrica: Journal of the Econometric Society, 1993, 61 (2): 251-272.

[119] LUCAS R E. On the mechanics of economic development [J]. Journal of Monetary Economics, 1988, 22 (1): 3-42.

[120] MACINTYRE A, NAUGHTON B. The decline of a Japan-led model of the East Asian economy [C]. // Pempel T J. Remapping East Asia. Cornell University, Ithaca, 2005: 77-100.

[121] MCKINNON R I, SCHNABL G. Synchronized business cycles in East Asia and fluctuations in the yen /dollar exchange rate [J]. The World Economy, 2003, 26 (8): 1067-1088.

[122] MICHAELY M. Trade, income levels, and dependence [M]. Elsevier Science Ltd, 1984.

[123] MORROW P M. Ricardian - Heckscher - Ohlin comparative advantage: theory and evidence [J]. Journal of International Economics, 2010, 82 (2): 137-151.

[124] NG F, YEATS A. Major trade trends in East Asia: what are their implications for regional cooperation and growth? [R]. World Bank Policy Research Working Paper, No. 3084, 2003.

[125] NG F, YEATS A. Production sharing in East Asia: who does what for whom, and why? [M]. Springer US, 2001.

[126] NORTH D C. Economic performance through time [J]. The American Economic Review, 1994, 84 (3): 359-368.

[127] NUNN N, TREFLER D. Domestic institutions as a source of comparative advantage [R]. National Bureau of Economic Research, 2013.

[128] NUNN N. Relationship-specificity, incomplete contracts and the pattern of trade [J]. The Quarterly Journal of Economics, 2007, 122 (2): 569-600.

[129] OHLIN B. Interregional and international trade [M]. Cambridge, MA: Harvard University Press, 1933.

[130] ONIKI H, UZAWA H. Patterns of trade and investment in a dynamic model of international trade [J]. The Review of Economic Studies, 1965, 32 (1): 15-38.

[131] POSNER M V. International trade and technical change [J]. Oxford Economic Papers, 1961: 323-341.

[132] RODRIK D. What's so special about China's exports? [J]. China & World Economy, 2006, 14 (5): 1-19.

[133] ROLAND - HOLST D, AZIS I, LIU L G. Regionalism and globalism: East and Southeast Asian trade relations in the wake of China's WTO accession [R]. ADB Institute Discussion Paper Series, 2003.

[134] ROMER P M. Growth based on increasing returns due to specialization [J]. The American Economic Review, 1987, 77 (2): 56-62.

[135] ROMER P M. Two strategies for economic development: using ideas and producing ideas [J]. The World Bank Economic Review, 1992, 6 (suppl 1): 63-91.

[136] ROMER P M. New goods, old theory, and the welfare costs of trade restrictions [J]. Journal of Development Economics, 1994, 43 (1): 5-38.

[137] SCHOTT P K. The relative sophistication of Chinese exports [J]. Economic Policy, 2008, 23 (53): 6-49.

[138] SCHULTZ T W. Capital formation by education [J]. Journal of Political Economy, 1960, 68 (6): 571-583.

[139] SCHULTZ T W. Investment in human capital [J]. The American Economic Review, 1961 (51): 1-17.

[140] STEHRER R. Trade in value added and the value added in trade [R]. wiiw Working Paper, No. 81, 2012.

[141] URATA S. The shift from "market - led" to "institution - led" regional integration, in East Asia in the late 1990s [R]. RIETI Discussion Paper Series 04-E-012, 2004.

[142] VERNON R. International investment and international trade in the product cycle [J]. Quarterly Journal of Economics, 1966, 80 (2): 190-207.

[143] WANG Z, WEI S J. What accounts for the rising sophistication of China's exports? [R]. NBER Working Paper, No. 13771, 2008.

[144] XU B, LU J. Foreign direct investment, processing trade, and the sophistication of China's exports [J]. China Economic Review, 2009,

20 (3): 425–439.

[145] YANG X, NG Y K. Theory of the firm and structure of residual rights [J]. Journal of Economic Behavior & Organization, 1995, 26 (1): 107–128.

[146] ZEDDIES G. Determinants of international fragmentation of Production in European Union [J]. Empirica, 2011, 38 (4): 511–537.

[147] ZHUANG Y, CHEN J J, LI Z H. Modeling the cooperative and competitive contagions in online social networks [J]. Physica A-statistical Mechanics and Its Applications, 2017 (484): 141–151.

重要术语索引